LES ENFANTS

DU

BOULEVARD

PARIS. — IMP. SIMON RAÇON ET COMP., RUE D'ERFURTH, 1

CH. PAUL DE KOCK

LES ENFANTS

DU

BOULEVARD

Quæque ipse miserrima vidi.

VIRGILE.

QUATRIÈME EDITION

PARIS

FERD. SARTORIUS, LIBRAIRE-EDITEUR

27, RUE DE SEINE, 27

1867

LES ENFANTS DU BOULEVART

LES ENFANTS

DU

BOULEVARD

I

LE BOULEVARD DU TEMPLE EN 1800

Vous voyez, d'après le titre de ce chapitre, en quelle année nous sommes. Le boulevard du Temple, à l'angle du faubourg de ce nom, a déjà son café qui fait le coin et offre des tables aux consommateurs jusques à l'hôtel Foulon. Ce grand bâtiment, qui longe le boulevard et la rue Basse, et dont les fenêtres sont constamment fermées, contraste par son aspect triste et morne avec la gaieté qui règne sur toute l'autre partie du boulevard. Mais l'ancien contrôleur général des finances *Foulon*, se permit, en 1789, au temps de la disette, un mot qui, plus tard, lui coûta la vie; et il semble que la terrible fin du maître de cet hôtel se lise encore sur ses murs noircis par le temps.

Après l'hôtel Foulon, vous voyez un petit théâtre qui a bien de la peine à se soutenir; aussi est-il presque aussi souvent fermé qu'ouvert. Pour le moment, il est ouvert cependant, et porte le nom de : *Théâtre des Délassements comiques*. On y joue un peu de tout, on y essaye tous les genres; malheureusement, on y essaye aussi des auteurs qui souvent ne savent pas encore écrire. Il ne faut pas confondre ce théâtre des Délassements avec celui qui, une soixantaine d'années plus tard, devait voir les triomphes de la fameuse danseuse *Rigolboche*. Le théâtre des Délassements qui existait alors immédiatement après l'hôtel Foulon avait été dévoré par le feu en l'année mil sept cent quatre-vingt-sept; mais on avait bientôt reconstruit la salle, qui était longue, étroite et fort peu commode. Plus tard, on établit un poêle dans le milieu du parterre; ce qui acheva de lui donner l'aspect d'une loge de portier.

Après ce théâtre, on fait la parade, on montre des curiosités, on exécute des tours de force dans une barraque de toile.

Puis un café; puis le théâtre de l'Ambigu-Comique.

Puis encore un café; chaque théâtre a nécessairement le sien. Celui-ci est le café de la Gaîté, et le théâtre qui porte ce nom vient après.

C'était autrefois le théâtre de *Nicolet*.

Mais Nicolet est mort; et Ribié a pris la direction de ce théâtre, auquel il avait donné le titre de Théâtre d'Émulation. Ribié, qui devait un jour y faire sa fortune, abandonna son théâtre à *Cofin-Rosny*, et celui-ci lui a rendu son titre de Théâtre de la Gaîté, qu'il ne doit plus quitter désormais.

Après la Gaîté vient encore un café ou plutôt un petit cabaret où vont se rafraîchir les voyoux de l'époque.

Au reste, les cafés étaient alors si loin de ressembler à ce qu'ils sont maintenant, que ceux qui les verraient aujourd'hui les prendraient tout au plus pour des gargotes.

Maintenant voilà le spectacle de cire de M. *Curtius*. C'est là que les mêmes personnages ont l'habitude de changer d'emploi et les jouent tous avec le même succès. M. Curtius emploie pour cela un moyen bien simple : il met d'autres habits à ses bonshommes de cire.

Il est probablement persuadé que tout le mérite d'un homme est dans la beauté de son costume, et nullement dans l'expression de son visage. Nous avons encore beaucoup de personnes qui pensent comme lui.

Après les figures de cire vient un pâtissier. Celui-là reçoit bien autant de visites que son voisin, et ce qu'on trouve chez lui est plus frais que chez M. Curtius.

Nous voici arrivés au Théâtre *sans prétention*, qui se nommait auparavant Théâtre *des Associés*.

On y jouait des pièces de tous les théâtres de Paris, comme cela se pratique maintenant à la banlieue.

Un nommé Prévot en est le directeur ; il se donne beaucoup de mal pour réussir : il est tout à la fois auteur, acteur, régisseur, souffleur, répétiteur, décorateur et contrôleur. Je crois même que de temps à autre il se tenait à la porte de son théâtre, et y faisait ce qu'on appelle le boniment.

Après le Théâtre *sans prétention*, vous trouvez quelques boutiques, quelques cafés borgnes, le restaurateur *Bancelin*, qui était le Bonvalet de l'époque, et chez lequel on dînait fort bien, et à des prix un peu plus modérés que chez son vis-à-vis, le *Cadran-Bleu*.

Vous pouvez maintenant vous faire une idée de ce qu'était, en mil huit cent, le boulevard du Temple.

Si vous me demandez ce qu'il y avait sur l'autre côté du Boulevard, je vous dirai que celui-là se composait tout simplement de maisons, mais n'avait ni théâtres, ni barraques, ni curiosités. Cependant, à l'entrée qui fait le coin de la rue du Temple, il y avait le Jardin de Paphos, où l'on dansait, où l'on donnait des fêtes; et, plus loin, ce jardin qui n'était pas encore ouvert au public, et devait se transformer en café sous le nom de *Jardin Turc*.

II

LES TROIS MARCHANDES

En mil huit cent un, parmi les marchandes d'oranges ou de pommes établies sur le boulevard, devant les petits théâtres, on remarquait une charmante jeune fille de seize à dix-sept ans, dont les grands yeux bleus, tour à tour doux ou sévères, avaient, même dans leur sévérité, quelque chose qui captivait, qui séduisait tous ceux qui venaient acheter à ses éventaires.

Puis, à ces yeux-là se joignaient de l'éclat, de la fraîcheur, une bouche fraîche et bien garnie, un front élevé, des cheveux châtains qui retombaient en grosses boucles ou tire-bouchons le long de ses joues. Ajoutez à cela une taille bien prise, un pied mignon, une jambe bien faite, et vous comprendrez que mademoiselle Florentine, c'est le nom de la jeune marchande, ne devait pas chômer d'adorateurs.

Les amateurs de spectacle ne manquaient pas, lorsqu'ils sortaient pendant les entr'actes, de venir rôder et tourner près de la jolie marchande ; il y avait toujours une grande affluence devant son étalage, et, tout en achetant une orange, le chaland adressait quelques mots galants à la marchande. Quelques-uns allaient plus loin ; ils lui proposaient un souper chez Bancelin, ou un dîner au Cadran-Bleu, dans un cabinet particulier.

Mais Florentine recevait mal toutes ces propositions ; elle riait au nez des galants et les envoyait promener ; et, si quelques-uns, plus hardis, plus entreprenants, essayaient de lui prendre un baiser ou de lui presser la taille, la jolie marchande avait la main leste, le geste vif, et les joues de l'audacieux recevaient aussitôt des claques qui mettaient fin à ses entreprises.

Aussi, petit à petit, la réputation de Florentine s'était établie ; depuis le faubourg du Temple jusqu'à la rue d'Angoulême, on la citait comme un modèle de sagesse. Et les séducteurs du boulevard, sachant qu'il n'y avait rien à espérer près d'elle, avaient cessé de l'attaquer.

Une petite blonde, à la figure chiffonnée, au nez retroussé, à l'œil vif et mutin, et qui étalait tout à côté de Florentine, était loin d'avoir la même réputation que sa voisine. Mademoiselle Turlure, tout en vendant des chaussons de pommes et des bâtons de sucre d'orge, aimait beaucoup à rire et ne s'offensait nullement des propos galants et souvent grivois que lui débitaient ses pratiques.

Mais c'était surtout les acteurs dont mademoiselle Turlure était idolâtre ; pour elle, tout ce qui tenait au théâtre avait du charme, elle adorait le spectacle ; lorsqu'il y avait une pièce en vogue à l'Ambigu-Comique, ou au théâtre d'Émulation (nom que portait alors la Gaîté), la petite marchande de sucre d'orge disait à l'un de ses galants :

— Prêtez-moi un peu vot'contre-marque, que j'aille voir un petit bout d'acte, rien qu'un petit bout ! et je vous promets de vous rendre votre place.

— Et votre marchandise, et vos chaussons de pomme?

— Ma voisine aura l'œil dessus... D'ailleurs on ne vend pas beaucoup pendant les actes, et je serai revenue pour l'entr'acte.

En disant cela, mademoiselle Turlure faisait une petite mine si gentille, elle souriait si drôlement, que rarement on lui résistait, et elle pouvait aller voir un acte ou la moitié d'un ; mais n'aurait-elle vu qu'une scène, elle était heureuse et en avait pour longtemps à raconter ce qui l'avait enthousiasmée.

C'était presque toujours à Florentine que Turlure faisait part de ses impressions. Car de l'autre côté de sa boutique en plein air, elle avait pour voisine une marchande de pain d'épice, laide, maigre, sèche, méchante et surtout très-vexée de voir que ce n'était jamais à elle que les flâneurs et les galants venaient conter des sornettes. Madame Roufflard, c'était ainsi qu'on la nommait, quand elle en trouvait l'occasion, ne manquait jamais de dire quelque impertinence à Turlure et même de se moquer de ce qu'elle appelait les grands airs de Florentine. Mais les deux jeunes filles n'étaient pas en reste pour lui répondre, aucune de ces marchandes en plein vent n'ayant ordinairement sa langue dans sa poche.

Or, en ce moment, la pièce en vogue au théâtre d'Émulation, c'est *le Mariage de Nanon*, suite de *Madame Angot*. Le rôle de la célèbre poissarde est joué par *Corsse*, qui n'est pas encore directeur de l'Ambigu.

La petite Turlure n'a point de repos qu'elle n'ait vu la pièce nouvelle. Mais un jeune apprenti limonadier, qui lui fait les yeux doux, vient lui proposer sa contremarque de parterre, où les dames sont admises aussi bien que les hommes. Turlure saisit la contre-marque, r'arrange son bonnet, rajuste son fichu et quitte ses éventaires, en disant à celui qui vient de lui faire ce cadeau :

— Oh ! que vous êtes gentil, mon petit Boursiquet, je vous aimerai bien quand j'aurai le temps... Je cours au spectacle, voulez-vous être un amour, veillez sur mes chaussons de pommes et mes sucres d'orge..... Vendez si vous pouvez et ne soyez pas dur sur l'article de la pâtisserie... Mes chaussons sont d'avant-hier... Soyez coulant avec la pratique, je reviens sitôt la pièce finie...

Mademoiselle Turlure est entrée au théâtre d'Émula-on, et le jeune homme qu'elle a appellé Boursiquet reste evant la boutique, indécis s'il prendra ou non la place de la marchande ; mais enfin le désir de plaire à la petite blonde l'emporte sur le peu d'envie qu'il éprouve à vendre des chaussons de pomme, et il s'assied bravement sur la chaise occupée habituellement par mademoiselle Turlure.

Alors madame Rouflard, la marchande de pain d'épice et de verres de limonade, ne manque pas de s'écrier :

— Ah ben, en v'là une bonne!... ma voisine qui est devenue d'un autre sexe!... merci! v'là les chaussons de pommes à la baisse... le plus souvent qu'on viendra lui en acheter à ce grand dadais... bon, le v'là qui suce un bâton de sucre d'orge, et puis je gage qu'il va le remettre à l'étalage... Va donc faire tes bavaroises, apprenti limonadier de deux liards!... tu fais de l'œil à la petite... mais tu n'arrives pas assez vite!... il y a foule au bureau, nigaud! et tu en seras pour ta contre-marque.

Le nommé Boursiquet est un gros garçon de vingt-deux ans, qui a un long nez, de gros yeux bêtes, des cheveux rouges et des mains larges comme des battoirs de blanchisseuse, il n'est pas joli garçon, en revanche il est petit et trappu ; mais ses épaules carrées, ses membres musculeux, et ses énormes mollets annoncent un vigoureux gaillard.

Loin de se fâcher de ce que dit la marchande de pain d'épice, il se contente de rire et de manger un chausson de pommes, en répondant :

— Eh ben! pourquoi donc que je ne vendrai pas aussi bien qu'un autre... n'est-ce pas bien difficile de tenir une boutique comme celle-ci... après tout, la marchandise s'écoulera toujours... je la mangerai si je ne la vends pas!...

— Voyez vous ce beau merle, qui par amour et pour être agréable à c'te mijaurée de Turlure, va se donner une indigestion de chaussons !... gros benêt !...

— Qu'est-ce que cela vous fait... si j'aime la pâtisserie, moi !...

— Il appelle cela de la pâtisserie ! de vieux chaussons aux pruneaux, qui traînent sur l'éventaire depuis huit jours !

— Est-elle méchante, cette madame Rouflard, dit le gros rouge en se tournant vers Florentine.

— Ne l'écoutez pas, et ne lui répondez pas ! dit la marchande d'orange... elle est toujours de mauvaise humeur, c'est son caractère !... elle ne le changera pas.

— Il est gentil, son caractère... Quelle différence avec vous, mam'zelle Florentine, qui êtes si bonne, et mam'zelle Turlure, qui est si gaie !... O Dieu ! mam'zelle Turlure !... voilà une femme pour qui je me mettrais à la broche si elle l'ordonnait... mam'zelle Florentine... entre nous... croyez-vous qu'elle m'aime un peu?

— Oh ! quant à cela... je ne saurais vous dire, monsieur Boursiquet !... Ce sont de ces choses dont on ne peut pas répondre pour les autres, car souvent on ne le saurait pas pour soi-même...

— Oh ! mam'zelle Florentine, vous pourriez toujours bien répondre pour vous !... On connaît votre sagesse et votre vertu... Il n'y a pas prise sur votre cœur... tout le monde le sait bien... et tous ces beaux messieurs qui viennent, soi-disant pour écouter les parades. Je les entends qui, tout en venant prendre une bouteille de bière, se disent entre eux : « Pas moyen de réussir près de cette charmante Florentine, elle n'écoute personne!... moi, je lui ai proposé de la mener dîner chez un restaurateur en vogue!... moi, je lui ai offert de la conduire à Tivoli, un jour où il y aurait grande fête, grande illumination et pantomime pyrotechnique de *Ruggieri*... Eh bien! elle a refusé... décidément c'est une vertu qui ne veut point s'humaniser. » Voilà ce qu'on dit de vous, mam'zelle Florentine; on a raison, car c'est la vérité!... C'est égal, on a le droit d'être fier quand on a une réputation comme la vôtre.

Celle à qui s'adresse ce compliment ne répond rien, elle se contente de baisser assez tristement ses yeux vers la terre et sa tête retombe sur sa poitrine.

Boursiquet reprend :

— Quant à mam'zelle Turlure, ah! dame, ce n'est pas une réputation comme la vôtre... c'est même... tout différent... elle aime à rire... elle est coquette... ça l'amuse qu'on lui fasse la cour... qu'on lui conte des gaudrioles... elle ne s'en cache pas!... mais tout cela n'empêche pas d'avoir un cœur... et puis enfin, j'aime mam'zelle Turlure comme elle est... il me semble que j'en suis bien le maître... seulement ce qui me chiffonne, c'est sa passion pour les acteurs... Oh! les acteurs! quand elle en voit un s'approcher de sa marchandise... elle rougit, elle pâlit... elle devient de toutes les couleurs... si je savais que pour lui plaire il faille absolument être au théâtre, eh bien, je m'y mettrai... oui, j'en serais capable... seulement je me demande quel genre d'emploi je pourrais le mieux jouer.

La marchande de pain d'épice se met à rire aux éclats, en disant :

— Ah ! que je voudrais voir ça... ah ! comme je donnerais bien une pièce de douze sous pour le voir jouer, celui-là !... Voyez-vous monsieur Boursiquet faisant les amoureux... tenant l'emploi de monsieur *Cazot* qui est si gentil, si mignon... c'est pour le coup que les pommes coûteraient cher sur le boulevard... on n'en aurait jamais assez pour vous en jeter, mon gros !...

— Madame Roufflard, je me ferai acteur si ça me fait plaisir ! D'ailleurs, ce n'est pas à vous que je demanderai conseil, c'est à mam'zelle Florentine, parce qu'elle ne m'en donnera que de bons.

Mais celle dont parlait l'apprenti limonadier paraissait prendre fort peu de part à la discussion qui avait lieu. Elle semblait rêveuse, triste même, et, si ses regards quittaient ses oranges, c'était pour se porter à droite et à gauche sur le boulevard, où ils semblaient chercher quelqu'un qu'elle s'affligeait de n'y pas trouver.

III

UN INCONNU

Le retour du Turlure a mis fin à la conversation de Boursiquet et de madame Roufflard.

La petite blonde court à sa boutique, reprend sa chaise que son remplaçant a déjà quittée, et lui donne un petit carton en lui disant :

— Tenez... voilà votre contre-marque... monsieur Boursiquet, grand merci de votre complaisance... la vente a-t-elle été un peu ?...

— Oui, elle a été dans son ventre ! murmura la Roufflard.

— Mam'zelle, voilà le prix de deux chaussons et un bâton de sucre d'orge, que je me suis offerts en votre absence.

— Oh! mon Dieu, ce n'était pas la peine de les payer... entre nous, c'est à votre service.

— Mamz'elle, je ne me fais jamais régaler par les femmes, ça n'est pas dans ma nature à moi.

— A votre aise, vous en avez le droit.

— Vous êtes-vous amusée au spectacle ?

— Est-ce que je ne m'y amuse pas toujours? Mais allez donc à votre café, monsieur Boursiquet, allez, on peut avoir besoin de vous.

— Oh! mam'zelle, je ne suis pas encore en pied...

— Raison de plus pour montrer du zèle; vous n'y serez jamais, en pied, si vous vous absentez souvent.

— Je ne vous ai encore parlé qu'un petit peu. .

— Vous me parlerez une autre fois... Si vous faites bien, vous ferez cadeau de votre contre-marque à un camarade...

— Allons... je vais vous obéir, mam'zelle Turlure...

Le galant aux cheveux rouges s'est éloigné, et la petite blonde s'écrie :

— Enfin! il est parti... A-t-on de la peine à s'en débarrasser de celui-là! Il tient comme de la glu!...

— Puisqu'il ne te plaît pas, pourquoi l'écoutes-tu, dit Florentine.

— Je ne l'écoute pas... c'est-à-dire... je ne peux pas l'empêcher de m'adorer, ce garçon... il m'apporte des entrées pour le théâtre, j'en profite, où est le mal? Mais l'aimer... *nix!* Ma chère, monsieur *Blondin* est bien amusant dans le rôle de Nicolas... il fait rire toute la salle... Je crois qu'il m'a reconnue au parterre, il m'a souri!

— Est-ce que tu es aussi amoureuse de celui-là...

— Oh non! celui qui me captive... qui me tient au cœur, c'est monsieur *Révalard*... Ah! le bel homme... le beau brun, a-t-il les yeux noirs! Comme il est bien dans les chefs de brigands... il m'a dit qu'il allait avoir un beau rôle dans un mélodrame qu'on va donner à l'Ambigu-Comique.

— Tu causes donc avec lui?

— Pourquoi pas... c'est une de mes pratiques... Ah! j'aime bien aussi monsieur *Tautin!* En v'là encore un bel homme... et qui fait des conquêtes... Toutes les femmes sont folles de lui!... Est-ce que tu ne le trouves pas superbe, toi?

— Moi! je ne le connais pas!

— Par exemple! il t'a encore acheté des oranges il y a deux soirs.

— C'est possible... mais je ne l'ai pas remarqué...

— Ne pas remarquer un acteur... O Dieu! je les remarque tous, moi! Bigre! il fait froid ce soir... Le printemps de mil huit cent un est en retard!...

En ce moment la jolie marchande d'oranges remarquait fort bien un jeune homme qui arrivait lentement sur le boulevard, et venait de s'arrêter devant la parade.

C'était un homme de vingt-cinq à vingt-six ans, grand, mince, d'une tournure assez distinguée. Sa figure était fine et spirituelle; ses yeux bruns avaient beaucoup de feu, bien qu'ombragés par d'épais sourcils; son nez était légèrement aquilin, sa bouche serrée, ses lèvres minces et son teint un peu pâle. C'était un joli homme, et il y avait surtout beaucoup d'expression dans sa physionomie ; il savait, suivant les circonstances, prendre un air agréable ou sévère, sombre ou comique, et alors il se changeait tellement qu'on avait de la peine à le reconnaître.

Ce personnage portait un balandras ou redingote bleue, ornée d'un petit collet qui retombait jusqu'à moitié de son dos et lui serrait la taille de manière à en marquer l'élégance. Il avait un pantalon gris, collant, et par-dessus des bottes à revers, une cravate blanche, sous laquelle se montrait un bout de jabot. Ses cheveux noirs n'étaient point poudrés, et pourtant il portait une queue et avait sur le côté ses cheveux tressés en cadenettes. Enfin un chapeau à trois cornes était placé sur sa tête, et mis un peu en tapageur.

A cette époque, les chapeaux à cornes se portaient encore ; du reste chacun se coiffait comme il le voulait. Les uns conservaient la poudre dans leurs cheveux, les autres n'en mettaient plus. On portait une queue, ou les cheveux retroussés avec un peigne ; des nattes, ou point de nattes, des chapeaux ronds, à formes extrêmement hautes ou extrêmement basses. Mais la coiffure à la Titus n'était point encore généralement adoptée par les hommes.

Florentine ne perdait pas de vue ce jeune homme ; sa figure s'était animée, une vive émotion se montrait dans toute sa personne, et ses yeux suivaient les moindres mouvements de celui qui semblait prendre plaisir à flâner sur le boulevard. Cependant le flâneur, sans avoir l'air d'avoir un but, s'est rapproché de la jolie marchande d'oranges Arrivé devant son étalage, il s'arrête, regarde les beaux fruits, prend une orange, puis une autre, et semble choisir et chercher les plus belles. Mais, tout en marchandant très-haut ce qu'il semble vouloir acheter, il entremêle son dialogue, avec la jolie marchande, de paroles dites assez bas pour n'être entendues que par elle, et Florentine en fait autant de son côté.

— Voyons votre marchandise... il me faut des oranges... Eh bien, Florentine, avez-vous réfléchi, m'accorderez-vous enfin ce rendez-vous que je vous demande depuis si longtemps? ..

— Voyez, monsieur, voyez, choisissez... Ah! vous trouvez qu'il y a longtemps... et voilà un mois à peine que je vous connais... que vous me parlez...

— En voici une qui me paraît bien mûre... Faut-il donc si longtemps pour s'aimer... moi, je vous ai adorée dès que mes yeux se sont portés sur vous...

— Ah! vous le dites... mais vous me trompez peut-être... Ah! tenez, monsieur, celle-ci est rouge, j'en réponds...

— Pourquoi voulez-vous que je vous trompe, et, si je ne vous aimais pas, qui m'obligerait à vous le dire?...

— Oui, vous m'aimez maintenant, c'est possible; mais ce n'est qu'un caprice, et, si j'étais assez faible pour vous croire, pour vous écouter, vous m'auriez bientôt oubliée...

— Vous oublier, jamais... vous êtes trop jolie pour que l'on vous oublie...

— Tous les hommes disent cela lorsqu'ils sont amoureux... mais cela ne les empêche pas d'être infidèles...

2.

— Jamais à vous... de grâce, Florentine, venez à ce rendez-vous que je vous supplie de m'accorder depuis si longtemps... D'ailleurs, qu'avez-vous à craindre?... sur le boulevard... après la rue Ménilmontant... vous serez dans votre quartier, puisque vous demeurez rue des Filles-du-Calvaire.

— Oh! je sais bien que je ne serai pas loin de chez moi... mais ces boulevards sont bien déserts à onze heures du soir...

— N'aurez-vous pas peur avec moi?...

— Mais enfin, je ne sais pas seulement qui vous êtes... Vous ne m'avez dit que des choses vagues... Vous êtes toujours si pressé quand vous venez me parler...

— C'est que je ne veux pas vous compromettre.

Cependant on voit que depuis quelques instants le jeune homme et la jolie marchande oubliaient de s'occuper tout haut de la vente des oranges, pour continuer la conversation qui les intéressait bien plus.

Mais l'entr'acte est arrivé au théâtre de l'Ambigu-Comique; le monde sort du spectacle; des jeunes gens viennent acheter des oranges à Florentine, qui aimerait beaucoup mieux ne point vendre sa marchandise, et ne pas être interrompue dans son entretien avec son amoureux; mais il faut bien qu'elle réponde aux chalands qui lui arrivent, et le beau jeune homme, au chapeau à trois cornes, s'éloigne des oranges pour laisser Florentine faire son commerce.

Enfin les importuns sont partis, et la manière sèche dont la jolie marchande a répondu à quelques-uns qui voulaient rire avec elle ne leur a pas donné l'envie de continuer.

Le jeune homme en balandras est revenu dès qu'il n'y a plus eu personne près de Florentine, et cette fois, sans s'occuper des oranges, il reprend l'entretien à voix basse :

— Vous voyez, charmante fille, combien il est difficile de vous parler ici, de vous exprimer tout ce que l'on ressent d'amour pour vous. C'est pourquoi il ne faut pas me refuser ce rendez-vous, où nous pourrons au moins causer en liberté, sans être à chaque instant interrompus...

— Un rendez-vous si tard...

— Puisque vous n'êtes pas libre plus tôt.

— Quand une fille accorde un rendez-vous... les hommes croient tout de suite qu'elle veut bien... tout leur accorder... je ne suis qu'une pauvre marchande d'oranges... je suis orpheline, je n'ai plus ma mère pour me protéger... je l'ai perdue il y a deux ans... mais je veux rester sage... ma mère me l'a bien recommandé; elle m'a dit : C'est ta seule richesse, mon enfant; mais c'est la bonne... tant que tu auras celle-là, tu seras estimée, considérée même, et ton petit commerce prospérera. Je veux suivre les conseils de ma mère... je ne veux pas d'un amoureux, je veux d'un mari. Mais vous me faites l'effet d'être trop faraud, trop muscadin pour vouloir épouser une marchande d'oranges... Voyons... monsieur, quel est votre état... et votre nom d'abord, vous ne me l'avez pas dit...

— Pardonnez-moi, je vous ai dit que je m'appelais... Francisque.

— Ah! oui, c'est vrai... Francisque... mais c'est un nom de baptême, ça...

— Je ne puis vous dire que celui-là, maintenant... Je suis né, en effet, de parents riches... et qui occupaient un rang assez élevé... mais vous savez bien que la Révolution a tout détruit, tout nivelé..... et ce dont on s'inquiète le moins à présent, c'est de la naissance... c'est de l'origine des personnes...

— Sans doute... ainsi vous épouseriez une pauvre marchande en plein air comme moi?... vous ne rougiriez pas de me nommer votre femme?

— Moi, rougir de vous!... ne craignez jamais cela. D'ailleurs, vous, Florentine, vous n'êtes pas une marchande à éventaires comme les autres. Vous parlez bien, vous savez lire, écrire, enfin vous avez reçu quelque éducation.

— Dame! ma pauvre mère m'aimait tant, elle voulait que je ne fusse pas si bête que les autres... elle se saignait pour moi... je n'en suis pas moins une marchande d'oranges.

— Dites donc une fille charmante que l'on aimera toute la vie.

— Et votre père...

— Il est mort...

— Votre mère?

— Elle m'aime trop pour jamais s'opposer à mon bonheur.

— Ah! si je pouvais le croire... c'est singulier ce qu j'éprouve près de vous... moi qui me moquais toujour des propos d'amour que l'on me débitait... le premier jour que vous m'avez parlé je me suis tout de suite sentie troublée, émue... j'ai eu peur... il me semblait que je devais vous fuir... et malgré moi j'éprouvais du plaisir à vous entendre, à vous écouter.

— C'est que vous deviez m'aimer, Florentine, c'est qu'une secrète sympathie nous attirait l'un vers l'autre...

— Dame!.. c'est bien possible... car, lorsque je me disais : Je ne l'écouterai plus, ce monsieur... il est trop mirliflor pour moi, et malgré cela, sitôt que je vous apercevais, oh! il me tardait de vous entendre... savez-vous bien que c'est comme si vous m'aviez ensorcelée !...

— Ah! que je serais heureux si cela était... Vous voyez bien, Florentine, que vous ne pouvez pas me refuser ce rendez-vous que je vous demande depuis si longtemps... et qu'il faut...

En ce moment, une espèce de mendiant, en blouse, en casquette, et dont on ne voit que le bas de la figure, passe tout contre le jeune homme qui a dit se nommer Francisque ; l'homme en blouse se penche vers lui, approche sa tête de son oreille, lui dit rapidement et bien bas quelques mots, puis s'éloigne aussitôt.

Mais notre amoureux a pâli, sa physionomie a subitement changé d'expression, il s'empresse de dire à Florentine :

— Adieu... adieu... il faut que je vous quitte... je vous reverrai bientôt...

— Comment! vous partez comme cela?... répond la jolie marchande, toute surprise par ses paroles. Quoi donc vous presse?... et ce soir... à quelle heure?...

Mais le jeune homme ne l'écoute pas. Déjà il s'est éloigné, il a disparu parmi les promeneurs. Florentine demeure tout interdite, elle ne comprend rien au brusque départ de celui qui semblait si heureux de lui parler.

— Cet homme... si mal vêtu... et qui a passé contre lui... s'est arrêté et lui a dit quelques mots bien bas! se dit la jeune marchande. Ces mots ont vivement ému Francisque... et il est parti... il m'a quittée aussitôt... de qui donc avait-il peur d'être vu... d'une femme peut-être... oui... ce doit être d'une femme... d'une maîtresse sans doute... Ah! il faudra bien qu'il m'explique pourquoi il s'est éloigné si vite de moi!... et au moment où j'allais lui accorder ce rendez-vous qu'il me demandait avec tant d'instance... Oh! mais il va revenir... il est impossible qu'il ne revienne pas bientôt.

— Eh ben, dit Turlure, ton chaland est parti et sans rien t'acheter, il me semble... il s'est sauvé comme une fusée... est-ce que c'est une colique qui lui a pris?

— Est-ce que je sais, moi!... Ah! je crois qu'il a vu une personne de ses connaissances à qui il était pressé de parler...

— Faut que ce soit *queuqu'un* qui lui doive de l'argent alors, car il a filé sans demander son reste...

— Oh! il reviendra! dit à son tour la Roufflard, d'un air moqueur. C'est pas la première fois qu'on le voit, ce cornu-là!... je l'ai bien reconnu, moi!... il est toujours deux heures pour marchander des oranges... mais je crois que c'est pas ça qu'il veut acheter...

— Et que croyez-vous donc qu'il veuille acheter? s'écrie Florentine en relevant fièrement la tête. Est-ce que vous croyez que j'ai autre chose à vendre?

— A vendre ou à donner... on ne sait pas... il se fait tant de commerces sur ce boulevard ! Est-ce qu'on ne voit pas que ce muscadin vient ici pour autre chose que pour marchander des oranges!

— Quand cela serait... quand ce jeune homme me dirait des douceurs, est-ce que je n'ai pas le droit de l'écouter, si ça me fait plaisir?

— Oui, mais alors faut plus se donner des manières de femme sauvage!...

— Taisez-vous... on peut écouter quelqu'un qui est poli, sans pour cela cesser d'être sage.

— Tu es bien bonne de lui répondre, Florentine ; est-ce qu'on fait attention à ce que dit la Roufflard? Avec ça que je lui conseille de se poser en vertu! et son soi-disant mari, son Roufflard, où donc qu'il est? on n'a jamais aperçu le bout de son nez!...

— Mon mari est à l'armée, il se bat pour sa patrie, ça vaut mieux que de flâner sur le boulevard comme un tas de paresseux.

— Ah! il est toujours à l'armée, ton mari!... depuis le temps qu'il se bat, il reviendra général pour le moins! C'est égal, le monsieur qui causait avec Florentine est fièrement joli garçon, tout de même!... et joliment mis... c'est du hupé!...

— Oh! qu'est-ce qui sait!... murmure la marchande de pain d'épice. Il y a maintenant tant de parvenus!... c'est peut-être le jockey de *queuque* émigré qui aura volé les hardes de son maître.

Florentine ne dit plus rien; elle n'a pas entendu la dernière réflexion de la Roufflard, car elle est absorbée dans ses pensées. De temps à autre, cependant, elle regarde à droite et à gauche sur le boulevard; elle cherche celui qui l'a quittée si brusquement, et qu'elle espère toujours voir revenir.

Mais la soirée s'écoule, les théâtres ferment, les marchandes détalent et Florentine est obligée d'en faire autant, sans que le jeune homme soit revenu

IV

UN CHEVALIER DE SAINT-LOUIS

Six semaines se sont écoulées, sans que Florentine ait revu celui qui paraissait si amoureux d'elle et la suppliait de lui accorder un rendez-vous. Depuis qu'elle l'avait aperçu pour la première fois, jamais il n'avait été plus de deux jours sans venir lui parler de son amour; une absence si prolongée doit donc étonner la jolie marchande.

Mais, par une belle matinée du printemps, un monsieur s'approche et s'arrête devant l'éventaire de Florentine, en disant :

— Me voilà revenu, moi, et mon premier soin est de venir dire bonjour à ma petite Florentine!

La jeune marchande relève la tête; pour la première

fois depuis longtemps, la joie brille dans ses yeux, tandis qu'elle s'écrie :

— Monsieur de Germancey!... ah! que je suis contente de vous revoir, monsieur!

Le personnage auquel ces mots s'adressent est un homme de quarante ans, mais qui semble plus âgé, parce que le malheur et les chagrins l'ont vieilli avant l'âge. Sa taille est élevée, sa tournure noble et distinguée; car sous les vêtements les plus simples on reconnait facilement le gentilhomme, de même que, malgré les paillettes et les habits les plus riches, l'homme commun perce toujours; la figure de ce monsieur est bienveillante, ses traits réguliers, mais un léger clignement d'yeux semble annoncer de la faiblesse dans la vue; ses mains sont fines et blanches autant que bien soignées; ses joues un peu creuses n'empêchent point que son visage n'ait encore du charme, et les rides qui se montrent déjà sur son front ne lui ôtent rien de sa noblesse.

Ce monsieur porte encore de la poudre, ses cheveux sont noués par derrière avec un ruban noir, et un chapeau rond, très-bas de forme, est placé sous son bras gauche; il est vêtu d'un habit brun, qui n'est pas neuf, mais qui est parfaitement brossé et sur lequel brillent de larges boutons d'acier. Il a une culotte de drap noir et des bottes à revers qui retombent à moitié de son mollet; son linge est très-blanc, il a un jabot et des manchettes; mais aucune chaîne de montre ne sort de son gousset, bien qu'alors il arrivât souvent à des *incroyables* d'en avoir deux, avec de nombreuses breloques.

Mais le comte de Germancey n'était point un incroyable.

Ce monsieur tend ses mains à la jolie marchande, qui lui donne vivement la sienne, il presse longtemps cette main avec les marques de la plus tendre affection, tandis que Florentine lui dit :

— Ah! vous avez été bien longtemps sans venir me voir, monsieur ; ce n'est pas bien, cela!

— Mais, ma chère amie, c'est que je n'étais pas à Paris ; sans cela, à moins d'être malade, est-ce que je suis un seul jour sans venir voir mon enfant?...

— Ah! vous étiez à la campagne, monsieur.

— Oui, chez un de mes anciens fermiers qui est aujourd'hui plus riche que moi, et il n'a pas de peine, puisque je n'ai plus rien!... mais, au moins, celui-là est resté honnête..., il se rappelle que j'ai été, non pas son seigneur, je n'ai jamais voulu qu'il me donnât ce nom, mais enfin son propriétaire... Il m'avait plusieurs fois prié... supplié d'aller passer quelque temps dans une charmante campagne qu'il possède maintenant en Brie ; en refusant toujours, j'aurais eu l'air de mépriser ces bonnes gens. Je suis resté avec eux près de trois mois.

— Cela vous a fait du bien, la campagne, monsieur ; je vous trouve bien meilleure mine qu'avant votre départ...

— C'est possible... et puis, avec le temps, on s'habitue à tout... même à être ruiné!... Mais c'est assez parler de moi ; et vous, mon enfant, voyons, êtes-vous toujours contente, heureuse? le commerce va-t-il comme vous voulez?

— Oui, monsieur, oh! je n'ai pas à me plaindre; je vends beaucoup, je suis contente...

— Eh bien, c'est singulier, moi, je ne vous trouve pas l'air aussi gai, l'œil aussi vif qu'avant mon départ... C'est l'intérêt, l'amitié que je vous porte qui me font vous parler ainsi; vous n'avez pas été malade?

— Non monsieur, pas du tout!...

— Alors vous avez donc eu quelque peine... quelque contrariété?...

Florentine hésite et balbutie, en répondant :

— Mais non, monsieur, je n'ai pas eu de chagrin.

M. de Germancey hoche la tête et reprend :

— Oh! je m'y connais, mon enfant, et je gagerais bien que vous me cachez quelque chose. Si mes questions sont indiscrètes, excusez-les... et songez que, si je me permets de vous les adresser, c'est que je vous aime presque autant que si j'étais votre père... c'est que j'ai juré à votre pauvre mère mourante de veiller sur vous, de vous protéger... autant que cela me serait possible dans la position qui nous est faite, à nous autres *ci-devant*, comme on veut bien nous appeler maintenant!

— Oh! monsieur, vous n'avez aucune excuse à me faire, et vous avez bien le droit de me questionner! C'est déjà si bon à vous... un noble, un comte... car, ainsi que le disait ma mère, toutes les révolutions possibles ne peuvent pas empêcher qu'on ne soit le fils de son père!... oui, c'est bien de la bonté de votre part de vous occuper d'une jeune fille qui étale sa marchandise sur le boulevard.

— Cela n'est que de la justice, de la reconnaissance, quand la mère de cette jeune fille nous a sauvé la vie! Pauvre madame Bernard! puis-je jamais oublier que sans elle j'étais reconnu, arrêté et bientôt après guillotiné, car, à cette époque-là, les choses ne traînaient pas en longueur!... J'étais comte, ma famille avait émigré... seul, j'avais voulu rester en France... Mais j'avais été dénoncé, l'ordre de m'arrêter était donné partout, et un matin... c'était en quatre-vingt-treize, je fuyais de la petite chambre que j'habitais, car un avis anonyme m'avait prévenu que l'on allait venir m'arrêter... j'errais au hasard dans les rues de Paris... je passe devant la boutique de madame Bernard... elle était fruitière, et vendait du charbon; devant moi j'aperçois des soldats, derrière moi j'entends crier : « Il faut l'arrêter... c'est un ci-devant! je l'ai reconnu! » J'étais perdu, j'entre chez votre mère... elle était seule, heureusement. « On veut m'arrêter, lui dis-je... je suis le comte de Germancey, sauvez-moi, ou je vais mourir! » Aussitôt, et sans même me répondre, votre mère prend un sac à charbon, m'en barbouille le visage, jette une veste sur mes épaules, un grand chapeau de charbonnier sur ma tête, place un sac plein de charbon sur mes genoux et me fait asseoir dans sa boutique. On entre, on regarde, on demande à votre mère si elle a vu le comte de Germancey, elle répond qu'elle n'a vu que son fournisseur de charbon, et tous ces gens qui voulaient m'arrêter s'éloignent sans se douter que j'étais devant eux. Mais ce n'était pas tout de m'avoir préservé un moment du sort qui m'attendait; je ne pouvais sortir me montrer dans Paris, et d'ailleurs, je ne savais où aller. Tous mes anciens amis étaient partis ou proscrits comme moi; votre mère me dit : « J'ai, dans la pièce qui est derrière ma boutique, une soupente dans laquelle je mets mon charbon... on ne va jamais regarder là, et d'ailleurs, on ne me soupçonne pas; voulez-vous demeurer pendant quelque temps caché dans cette soupente?... je vous y porterai à manger... Ce sera un réduit bien triste; mais le soir, quand ma boutique sera fermée, vous pourrez en descendre, et ma fille et moi nous vous tiendrons compagnie. » J'acceptai, je n'avais que ce moyen pour échapper aux recherches... et pendant six semaines, je restai caché chez la bonne madame Bernard; c'est pendant ce temps, mon enfant, que je vous connus, que je pus apprécier la bonté de votre cœur; vous n'aviez que neuf ans alors, mais déjà vous aviez la raison d'une femme! Vous connaissiez les dangers que je courais, ceux auxquels votre mère s'exposait en me donnant un asile; mais aucune indiscrétion n'était à craindre de votre part, et plus d'une fois, par votre présence d'esprit, vous avez empêché quelques pratiques de venir choisir leur charbon dans la soupente où j'étais caché. Enfin, je pus sortir de Paris et me tenir caché au fond d'un village; puis le 9 thermidor arriva... et nous commençâmes à respirer un peu plus librement; dès que je pus sans danger revenir à Paris, mon premier soin fut de me rendre chez celle qui m'avait sauvé la vie... Avec quel plaisir je l'embrassai! et votre mère aussi fut heureuse de me revoir... Mais j'étais sans ressource, je ne savais où dîner... j'attendais bien quelques secours de mon frère passé en Angleterre, mais ce secours n'arrivait pas... eh bien, madame Bernard me força encore d'accepter de l'argent et m'offrit sa table, tant que je ne trouverais pas mieux... Croyez-vous, Florentine, que l'on puisse oublier de tels services... Grâce au ciel, mon sort s'améliora, je reçus de l'argent de mon frère... je pus m'acquitter avec votre mère, m'acquitter en argent, oui... cette dette-là se paye; mais celle que j'ai contractée au fond de mon cœur, celle-là, je ne l'acquitterai jamais... et maintenant vous me dites que je suis bon, parce que je viens causer avec vous... ah! ma chère enfant, si le destin m'a fait naître dans une classe au-dessus de la vôtre, sachez que la première noblesse est celle qui porte un cœur reconnaissant.

— Grâce au ciel, monsieur, maintenant vous pouvez sans crainte vous montrer partout... les anciens nobles ne sont plus proscrits.

— Non, grâce au premier consul, on lui doit le rappel des émigrés... l'activité rendue au commerce et aux arts... On lui doit aussi de belles victoires... J'aime trop mon pays pour y être insensible...

— Et votre frère qui était en Angleterre?

— Il y est mort, il y a un an. Avec le peu qu'il a laissé, je me suis fait une petite rente qui me suffit pour exister... ah! ce n'est pas ma fortune que je regrette!... à quoi me servirait-elle, à présent que j'ai vu périr tous ceux que j'aimais?

— Vous n'étiez pas marié, monsieur; mais je crois vous avoir entendu dire à ma mère que vous alliez épouser une personne que vous aimiez, lorsque les événements de la révolution vous en séparèrent...

— Oui, oui, cela est vrai... j'avais eu le bonheur de plaire à la fille du marquis de Sauvigné... Honorine de Sauvigné avait vingt-quatre ans; aussi belle que bonne, elle avait jusqu'alors refusé tous les partis pour ne point quitter son vieux père. Mais j'avais eu le bonheur de lui plaire, et ma promesse de ne point la séparer de son père avait aplani tous les obstacles, lorsque la Révolution arriva; le marquis de Sauvigné fut arrêté, lui qui ne faisait que du bien, il en avait donné des preuves en gardant à son service le fils d'un brigand célèbre... Vous devez avoir entendu parler de Cartouche, mon enfant?

— Oh! oui, monsieur, c'était un voleur qui faisait, dit-on, trembler tout Paris... Mais il me semble qu'il y a longtemps qu'il est mort.

— En effet, il a reçu le châtiment que méritaient ses crimes au mois de novembre de l'année 1721. Mais il avait laissé un fils encore au berceau. Vers l'année 1750, un homme se présenta pour entrer au service du marquis de Sauvigné, qui était alors un jeune homme de vingt ans. Cet homme, qui pouvait avoir une trentaine d'années, était dans la plus profonde misère... Personne ne voulait le prendre à son service ni lui donner de l'ouvrage.. et pourquoi? c'est qu'on savait qu'il était le fils du célèbre voleur Cartouche!... Cette circonstance n'arrêta pas le marquis; il se dit avec raison que c'est une grande injustice de vouloir faire retomber sur les enfants le mépris, l'animadversion qu'inspirait leur père. Il prit donc à son service le fils de Cartouche, et, il faut l'avouer, il n'eut pas trop à s'en louer. Ce garçon était paresseux, ivrogne et voleur; le marquis le savait bien, mais il lui pardonnait et le gardait toujours, en disant : « Si je le renvoyais, personne ne voudrait de lui, il serait obligé de faire comme son père; c'est donc un service que je rends à la société, en laissant ce drôle ne voler que moi! » On dit qu'un bienfait n'est jamais perdu, mais les proverbes mentent quelquefois... Le fils de Cartouche, ce mauvais domestique, s'était marié au château de son maître, et il mourut en l'année 1774, laissant un fils en bas âge. Sa mère était morte en le mettant au monde; eh bien, M. de Sauvigné eut encore la bonté de faire élever cet enfant, et, lorsqu'il eut sept ou huit ans, il le prit pour aider le jardinier du château, et plus tard en fit un petit jockey, puis un valet de chambre...

— Alors, c'était le petit-fils de Cartouche, celui-là?

— Oui, ma chère Florentine; il paraît que le marquis était destiné à avoir toute cette lignée! Eh bien, ce garçon qui aurait dû éprouver pour le marquis et sa famille la plus vive reconnaissance, ce garçon auquel M. de Sauvigné avait même fait donner quelque éducation... ah! ce fut un misérable, un monstre!... peut-être encore plus scélérat que son grand-père!...

— Oh! mon Dieu!... qu'a-t-il donc fait celui-là... Il me semble que vous ne nous avez jamais conté cela, à ma mère et à moi?...

— Dans le mois de novembre 92, on arrêta le marquis.. Vous jugez du désespoir de mademoiselle de Sauvigné!... elle restait seule avec quelques domestiques, qui du moins pleuraient avec elle; un seul... ce jeune Cartouche... car je ne l'appellerai jamais autrement, bien qu'au château on l'appelât Séverin; celui-là osa s'introduire une nuit dans la chambre d'Honorine, et là, eut l'infamie de lui dire : « Je vous aime! je ne vous l'aurais jamais dit si la Révolution n'avait pas tout bouleversé; mais aujourd'hui il n'y a plus de rangs, il n'y a plus de nom, il n'y a plus de distance; c'est pourquoi il faut que vous soyez ma maîtresse ou ma femme : choisissez! »

Honorine, épouvantée par ce discours, essaya de ramener à d'autres sentiments celui qu'elle regardait encore comme un enfant, car il n'avait que dix-huit ans, et elle en avait vingt-quatre; mais à tous ses discours il répondit : « Je vous aime! je veux que vous soyez à moi!... » Elle lui ordonna de sortir de sa présence. Il voulut se porter sur elle aux derniers outrages; mais elle était forte, courageuse, elle jeta le misérable à la porte de sa chambre. Le lendemain il avait quitté l'hôtel; mais, deux jours après, et sur la dénonciation de ce monstre, Honorine de Sauvigné était arrêtée et conduite à la Force.

— Oh! mon Dieu! quel scélérat que ce petit-fils de Cartouche!

— C'est de sa prison que mademoiselle de Sauvigné trouva le moyen de m'écrire, de me faire savoir tout ce que je viens de vous raconter. Vous devez juger si je jurai d'exterminer l'infâme qui, après avoir essayé de l'outrager, l'avait lâchement dénoncée!... Mais c'est alors que je fus dénoncé moi-même, sans doute par le même homme, et que sans votre mère j'étais perdu aussi !...

— Et cette pauvre demoiselle de Sauvigné, que devint-elle ?

— Elle mourut sur l'échafaud... comme son père, comme tant d'autres pauvres victimes, qui alors n'avaient pas commis d'autre crime que d'être d'un sang noble et de posséder quelque fortune.

— Ah ! c'est affreux, cela !... Mais ce monstre, auteur de tous vos malheurs, vous le connaissiez sans doute... Vous l'aviez vu souvent chez le marquis ?

— Je l'avais vu quelquefois; mais alors, vous concevez que je faisais peu attention à un jeune domestique... Malgré cela... si je le rencontrais jamais... Oh ! je suis bien sûr que je le reconnaîtrais, et d'ailleurs il me semble que je sentirais au fond de mon cœur quelque chose qui me dirait : C'est lui... c'est l'infâme... c'est le dénonciateur d'Honorine... Oh ! oui, oui, je le reconnaîtrais !

M. de Germancey passe sa main sur son front, comme pour en écarter de si pénibles souvenirs, et au bout d'un moment reprend la main de Florentine en lui disant :

— Voilà de bien tristes souvenirs, mon enfant; je vous ai toujours parlé de moi, lorsque je ne voulais m'occuper que de vous. Cela arrive souvent; nos conversations sont comme nos projets, qui ne marchent jamais tels que nous les arrangions d'avance. Je vous ai dit que je vous trouvais le front un peu sérieux... les yeux moins gais qu'avant mon départ pour la Brie... Vous auriez pu avoir aussi quelque confidence à me faire... mais, puisqu'il n'en ai rien, n'en parlons plus !...

La jolie marchande pousse un profond soupir et répond, en rougissant :

— Oui, monsieur, oui... Vous avez trop bien vu dans mes yeux pour que j'essaye de vous le cacher encore. Et d'ailleurs pourquoi dissimulerais-je avec vous, qui ne pouvez me donner que de bons conseils... Oui, j'ai quelque chose qui me tient là...

— Au cœur... n'est-ce pas, mon enfant?...

— Oh ! oui, c'est mon cœur qui est malade !

— Je m'en doutais; c'est toujours par le cœur que les jeunes filles ont leur premier chagrin...

— Je vous conterai tout cela, monsieur, mais pas à présent; un de ces soirs, si vous le voulez bien... je serai plus hardie pour parler de cela que pendant le jour...

— Quand vous voudrez, ma chère Florentine; je serai toujours prêt à recevoir vos confidences. Mais j'aperçois justement un ancien ami, que je croyais encore à l'étranger... Je vais le rejoindre. A bientôt, mon enfant, à bientôt.

Le comte de Germancy s'éloigne, et Florentine recommence à soupirer, en se disant :

— Il a bien deviné que j'avais quelque chose !... Ce maudit amour, quand ça vous tient, il paraît que ça se voit.

V

LES ENFANTS DE L'AMOUR

— Je te dis, Beaulard, qu'on donne ce soir *la Forêt périlleuse* au théâtre de l'Ambigu-Comique, dont M. Corsse est à présent le directeur, et qu'il faut que j'aille voir ça, quand il n'y aurait pas de pain à la maison, comme on dit, vu que c'est un mélodrame superbe à faire frémir tout Paris!

— Comment sais-tu que la pièce est superbe, puisque c'est seulement ce soir la première représentation?

— C'est la première au théâtre de l'Ambigu, oui; mais la pièce s'est déjà jouée au théâtre de la Cité. Elle y a eu un succès magnifique... elle s'y est jouée plus de deux cents fois. Aujourd'hui on la joue à l'Ambigu, mais c'est joliment monté!... D'abord, c'est M. *Corsse* qui fait le rôle de *Fresco*, M. *Tautin* le capitaine des voleurs, M. *Vicherat* Colisan, et mamzelle *Lévêque* fait la belle Camille.

—Tiens! je croyais qu'elle était au théâtre d'Émulation, mamzelle Lévêque.

— Oui, mais elle l'a quitté pour entrer à l'Ambigu-Comique. Voyons, Beaulard, tu dois avoir autant que moi l'envie d'aller voir une pièce dont on parle depuis si longtemps... où il y a une caverne et une bande de voleurs que ça fait frissonner... Tu viendras avec moi, ce soir, n'est-ce pas?

— Je le voudrais bien... mais je ne peux pas!... Tu sais bien, moucheron, que je suis employé chez M. Curtius, que c'est moi qui, depuis midi jusqu'à onze heures du soir, fais l'explication des figures de cire.

—Je croyais que c'était M. Curtius lui-même qui faisait l'explication de ses figures?

— Oui, quelquefois, mais c'est rare. Comme j'ai une bonne voix, il me laisse à présent cette besogne...

— Et qu'est-ce que vous faites voir de beau en ce moment?

— Ah! pour l'instant, ce qui attire le plus de monde, c'est la mort du brave général Kléber, qui vient d'être assassiné en Égypte, où il venait de remporter la grande victoire à la bataille d'Héliopolis!...

— Et est-il ressemblant le général Kléber?

— Que t'es bête! c'est celui qui représentait La Fayette, auquel nous avons mis un autre habit.

— Et combien que tu gagnes pour expliquer tout cela?

— Vingt sous par jour.

— Et nourri?

— Oh! non, et pas nourri... mais, par exemple, j'ai la permission de manger ce que je veux!... ça leur est égal.

— C'est encore heureux! mais je crois bien que tu ne manges pas de poulets tous les jours.

— Oh! non... D'ailleurs, sur mes vingt sous, j'en donne douze à ma mère chez qui je loge, et qui n'a pas souvent de l'ouvrage... La couture, ça ne va pas beaucoup, et puis elle est souvent malade. Mais je garde huit sous pour moi, et ça me suffit pour mes trois repas.

— Tu fais trois repas avec huit sous!... diable!... tu ne te donnes pas d'indigestion, alors!

— J'ai bien assez. Le matin, un sou de pain, un sou de lait; pour dîner, deux sous de pain, deux sous de pommes de terre, et pour souper, deux sous de galette ou de flan, s'il est tout chaud.

— Tu ne bois jamais de vin, alors?

— Pourquoi faire?

— Dame! pour te régaler.

— Oh! je n'y tiens pas, je n'en ai bu qu'une fois, j'ai trouvé ça mauvais; il est vrai qu'il était sûr!... comme du vinaigre.

— Si on t'a fait boire du vinaigre, ce n'était pas pour te mettre en goût!

— Si je le voulais, je pourrais bien de temps en temps en boire, quand les personnes qui viennent voir les figures donnent quelque chose au petit qui fait l'explication...

c'est rare, mais pourtant cela arrive... Il y a une fois un monsieur qui m'a donné dix sous pour moi!... ce sont mes petits profits!...

— Eh bien, qu'est-ce que tu en fais alors?

— Tiens, c'te question! je les porte tout de suite à ma mère... Elle est bien contente, elle m'embrasse, et moi je suis bien content aussi.

— Ce pauvre Beaulard! tu es un bon garçon!... Quel âge as-tu?

— Quatorze ans moins six mois.

— Dis donc tout de suite treize ans et demi, farceur.

— Je dis plutôt quinze ans, parce que, pour obtenir la place que j'ai chez M. Curtius, on m'a dit plus âgé que je ne suis.

— Merci! une place où il faut crier toute la journée: « Ceci vous représente M. Jupiter, madame son épouse et leur auguste famille!...» Je n'en voudrais pas de ton emploi! Je ne suis que commissionnaire, moi; quelquefois je ne gagne rien dans ma journée, c'est vrai, mais aussi il y en a d'autres où j'ai de bonnes aubaines, où je gagne jusqu'à un gros écu de six livres... Oh! alors je me régale... vive la joie! je bois une bouteille et je mange jusqu'à six saucisses!...

— Eh ben, et ta mère?

— Ma mère... je n'en ai pas.

— Tu n'as pas de mère... comment donc que c'est possible?

— Écoute bien... Vois-tu, j'ai une sœur qui a quatre ans de plus que moi... Comme j'en ai bientôt dix-sept, elle en a bientôt vingt et un; eh bien, ma sœur et moi, il paraît que nous sommes ce qu'on appelle... des enfants de l'amour.

— Ah! oui, des enfants surnaturels!

— Au contraire, des enfants naturels. On nous avait mis chez une paysanne à Vincennes. On y payait notre pension. Nous sommes restés là longtemps... Ma sœur avait neuf ans et moi cinq, quand un jour la paysanne nous dit : « Mes petits mignons, je ne reçois pas un sou pour vous depuis plus de neuf mois... J'en suis fâchée, je vous aime bien, mais je suis forcée de vous mettre à la porte. J'ai déjà quatre enfants, c'est bien assez, avec un mari ivrogne! et je ne peux plus vous garder gratis. Allez-vous-en à Paris, et tâchez d'y gagner votre vie... Maria est jolie... (Maria, c'est ma sœur), elle chante toute la journée comme un rossignol : elle n'aura qu'à chanter pour gagner des sous; à Paris on est généreux, on vous en donnera beaucoup... Je vous ai fait apprendre à lire, parce qu'on me l'avait ordonné; ça pourra vous servir. Tenez, v'là vingt-quatre sous et un petit paquet contenant vos effets. Prenez tout cela et partez.

Ma sœur, qui était déjà raisonnable, dit à la paysanne:

« — Mais est-ce que vous n'avez aucun renseignement à nous donner sur nos parents, sur ceux qui prenaient soin de nous ?

La paysanne répondit :

« — Ma petite, j'ai fait écrire sur un papier et certifier par M. le curé la manière dont vous m'avez été confiés. Toi, d'abord, Maria, par une dame élégante et

4.

belle, qui m'a donné vingt-cinq louis en me disant : « C'est pour une année, ayez soin de cette petite, elle a dix-huit mois ; nommez-la Maria. On viendra la voir. » On n'est revenu qu'au bout d'un an. Cette fois on ne me donna que vingt louis avec les mêmes recommandations. Mais, l'année d'après, la dame m'apporta un autre enfant qui avait trois semaines au plus, et me dit : « Vous nommerez ce petit garçon Victor, il est le frère de Maria. On doublera leur pension. » Très-bien ; cela dura trois ans et demi. Mais depuis neuf mois l'époque est passée où l'on m'apportait votre pension, et personne n'est revenu ; je ne peux plus vous garder. Mais vous trouverez dans votre paquet le papier certifié vrai par M. le curé, et qui constate tout ce que je viens de vous dire.

« — Et le nom de cette belle dame, qui était sans doute notre mère ? dit Maria.

« — Je ne l'ai jamais su, mon enfant, quand je le lui ai demandé, elle m'a répondu qu'il était inutile que je le sache... Elle avait de belles manières, des bagues à ses doigts et ne venait à Vincennes que dans une voiture. . qu'elle quittait à l'entrée du village, où elle allait ensuite la reprendre. Mais un jour... celui où elle m'apporta son petit garçon, elle paraissait faible et souffrante et elle oublia chez moi un flacon assez beau qu'elle portait à chaque instant sous son nez... il y a même sur le bouchon de ce flacon comme un chiffre gravé...

« — Eh bien, ce flacon, dit ma sœur, il est dans notre paquet j'espère ?

« — Ah ! non, ma petite ; ce flacon a un bouchon doré,

il est tout taillé comme une pierre fine, il doit bien valoir une quarantaine de livres, et je le garde pour me dédommager un peu de tout l'argent que votre mère me doit.

« — Mais, madame, s'écria ma sœur, ce flacon est notre bien, il peut d'ailleurs nous aider à retrouver nos parents, notre famille ; c'est le seul titre que nous ayons à présenter, et vous voulez nous en priver !

« — Ma petite, j'en suis fâchée, mais il faut que je me rattrape sur quelque chose... Je suis sûre que je trouverai quarante livres de ce petit bijou.

« — Eh bien, madame, ne le vendez pas, répondit Maria, et je vous jure d'amasser, avant un an, cette somme et de venir vous la donner pour ravoir ce flacon. »

La paysanne le promit, et nous voilà partis, ma sœur et moi, avec notre petit paquet au bout d'un bâton !

— Mais c'était bien vilain à cette paysanne, de garder ce beau flacon qui vous appartenait, puisqu'il venait de votre mère.

— Ah ! vois-tu Beaulard, les gens de la campagne ça ne connaît que l'argent ; c'est encore cent fois plus intéressés que les gens de la ville !...

— Comment avez-vous donc fait pour vivre, toi et ta sœur?

— Ma sœur chantait devant les auberges, les cafés. Elle chantait bien, et moi, quoique tout petit, je faisais la culbute et la roue aussi bien, mieux qu'à présent. J'allais tendre mon petit bonnet de laine, en demandant quelque chose pour la petite chanteuse, et presque tout le monde me donnait. Dans notre première journée nous avions gagné cinq livres dix sous! Ma sœur sautait de joie en me disant :

« — Vois-tu Victor, nous pourrons bientôt ravoir le flacon de notre mère.

— Dis donc, puisque ton nom est Victor, pourquoi t'appelle-t-on Moucheron?

— C'est un sobriquet qu'on m'a donné. Enfin nous voilà donc à Paris, ma sœur et moi. Une bonne femme qui nous vit sur le boulevard où ma sœur chantait, vint causer avec nous et nous offrit de nous loger et de nous nourrir, en nous disant : « Vous me donnerez ce que vous pourrez sur ce que vous gagnerez. « Tu penses bien que nous ne demandions pas mieux. Tous les jours je sortais avec Maria qui chantait sans cesse ; nous faisions des récoltes abondantes. Si bien qu'au bout de cinq mois que nous étions à Paris, ma sœur avait amassé les quarante livres, elle courait les porter à Vincennes, et elle revenait avec le précieux flacon.

— Alors tu l'as toujours?

— Ce n'est pas moi qui l'ai, c'est ma sœur. Comme l'aînée, c'était bien à elle de le garder. Nous passâmes quatre ans de cette façon ; comme ma sœur gagnait pas mal, elle me fit aller à l'école... aussi je sais lire, moi!... et toi Beaulard?

— Non... je connais un peu mes lettres, mais voilà tout.

— Mais ne v'là-t-il pas qu'un jour, à force de chanter, ma sœur attrape un enrouement! Ça nous mettait dans l'embarras; mais j'avais neuf ans, j'étais déjà pas bête!... je dis : « Voilà assez d'école, faut gagner de l'argent ; je vais me faire commissionnaire !... » Maria ne le voulait pas ! mais je ne l'écoutai guère !... et je gagnai à mon tour de l'argent. La voix était un peu revenue à ma sœur, mais ça l'ennuyait de chanter dans les rues. Elle entra femme de chambre chez des gens très-riches qui l'emmenèrent à Rouen, où ils allaient se fixer. J'avais alors treize ans, Maria en avait près de dix-sept. Elle me dit en partant : « J'emporte le flacon ; toi, tu es trop petit, tu le perdrais. D'ailleurs, quand j'aurai amassé de l'argent, je reviendrai à Paris. Mais nous ne savons pas où est notre famille, et si nous devons la retrouver, peut-être la découvrirai-je aussi bien en Normandie qu'ici. » Et ma sœur est partie en me recommandant de bien me conduire.

— Est-elle revenue à Paris depuis ?

— Non, il y a quatre ans passés qu'elle est partie. Elle m'écrivait souvent dans les premiers temps ; ensuite elle m'écrivait moins... et depuis près d'un an je n'ai pas reçu de ses nouvelles...

— Et si elle était morte ?

— Oh ! que non, elle me l'aurait fait dire !... je veux dire : elle m'aurait écrit qu'elle était malade. Mais je ne serais pas étonné de la voir arriver un de ces jours ; car dans sa dernière lettre elle me disait : « J'espère te revoir bientôt ; je veux retourner à Paris, je m'ennuie à Rouen. »

— Et toi, tu vas toujours à Vincennes voir ceux qui t'ont élevé ?

— Non, je n'y vais plus. Pourquoi faire ? la mère Duchemain est morte ainsi que son mari. Que veux-tu que j'aille faire là ? Les enfants de ma nourrice n'ont jamais aperçu la belle dame qui nous a apportés, ils ne pourraient me donner aucun renseignement. D'ailleurs, vois-tu, Beaulard, quand les parents mettent comme ça leurs enfants bien loin d'eux et ne viennent jamais les embrasser, c'est qu'ils ont l'intention de les abandonner un jour, mais j'en ai pris mon parti.

— Oh bien ! moi, je serais bien chagriné si je n'avais pas ma mère !

— Mais, imbécile, c'est bien différent : ta mère, tu la connais, elle t'aime, elle a eu soin de toi, elle ne t'a jamais repoussé !... alors tu dois l'aimer, c'est tout simple... comprends-tu ?

— Oh ! elle me repousserait que je l'aimerais tout de même !...

— Décidément tu ne comprends pas. Voyons, viens-tu avec moi voir *la Forêt périlleuse ?* je te régale... je paye ta place... j'ai fait une bonne journée hier... je peux faire rouler les gros sous ! j'ai pas besoin d'amasser, moi.

— Merci, Moucheron, merci, merci, mais si je m'absentais, ça fâcherait M. Curtius, je pourrais perdre ma place... et je ne veux pas m'exposer à ça !...

— Tu veux donc passer ta vie avec des figures de cire ? A dire : « Ceci vous représente M. Jupiter et madame son épouse ? » Fais-toi commissionnaire comme moi, tu gagneras bien plus !

— Oui, les jours où l'on gagne ! mais il y en a où l'on ne fait rien, tu me l'as dit toi-même, et ces jours-là comment ferais-je pour porter douze sous à ma mère? j'aime mieux ce qui est assuré...

— A ton aise!

— Tu me raconteras demain *la Forêt périlleuse*, et ça me fera autant de plaisir...

— Je vois une pratique qui me cherche... au revoir.

— A demain, Moucheron.

Les deux amis se séparent. Jean Beaulard, le petit blond maigre, mince et pâlot, s'en retourne à son emploi chez Curtius, en brandissant en l'air la longue baguette qui lui sert à désigner les figures qu'il montre.

Et Victor, grand gaillard de dix-sept ans, dont les yeux ont une certaine assurance qui ressemble presque à de la fierté, va se mettre à sa place habituelle au coin du boulevard et du faubourg du Temple.

VI

LE CHEVALIER DE MÉRILLAC

En quittant Florentine, le comte de Germancey était allé rejoindre un monsieur qui passait alors devant le petit théâtre des Délassements, un peu après la parade du paillasse Rousseau.

Le personnage que M. de Germancey vient d'atteindre est un homme qui peut avoir cinq ou six ans de moins que lui : grand, bien bâti, d'une belle prestance, qui porte la tête haute et se tient en marchant légèrement penché sur sa hanche gauche; sa figure est fortement caractérisée, ses traits sont nobles, ses yeux ont encore tout l'éclat de la jeunesse, mais leur fierté est tempérée par une expression de gaieté, de bonne humeur, qui semble être le fond du caractère de ce personnage, bien qu'il s'y mêle comme une nuance d'ironie et de persiflage.

Ce monsieur porte une grande redingote bleue qui descend jusqu'à ses talons, et qu'il tient hermétiquement boutonnée jusqu'en haut, ne laissant voir qu'une cravate noire et un col très-blanc. Ses cheveux sont poudrés, relevés par derrière avec un peigne, et sur sa tête est un large chapeau rond à grands bords. Il a des bottes à retroussis et tient une jolie canne à sa main.

— N'allez donc pas si vite, chevalier de Mérillac! on a quelque chose à vous dire.

Celui auquel ces paroles viennent d'être adressées s'arrête, fait une demi-pirouette sur lui-même, et se trouvant alors devant le comte de Germancey, s'écrie :

— Dieu me damne!... je ne me trompe pas! c'est ce cher Germancey!... Ah! quelle heureuse rencontre! .. je me disposais à vous chercher dans tout Paris, et à peine arrivé je vous y trouve... Mais embrassons-nous donc d'abord...

— Oh! très-volontiers! répond le comte en se jetant dans les bras du chevalier.

Et les deux amis s'embrassent cordialement. Après ces premiers moments donnés au plaisir de se revoir, les questions se croisent :

— Cher comte!... quel bonheur de se revoir...

— Oui, surtout quand on a passé par tant d'épreuves, quand on a tremblé pour les jours de ceux dont on était séparé.

— Vous n'avez pas dû trembler pour les miens, puisque j'avais émigré... J'étais à l'abri de vos accusateurs publics, mais je ne l'étais pas du malheur, des besoins, de la misère même!...

— Pauvre chevalier !

— Ma foi oui, j'étais parti avec cent louis dans ma poche, comptant trouver mon oncle en Allemagne... il avait pris un autre chemin, et les lettres qu'il m'avait écrites pour me faire connaître le lieu de sa retraite ne m'étaient pas parvenues. Vous connaissez ma manière de vivre : en fort peu de temps j'avais mangé les cent louis qui composaient toute ma fortune !

— Comment fîtes-vous alors pour exister?

— Eh ! sambleu ! je fis, comme bien d'autres, usage des faibles talents que je possédais ; malheureusement je n'en possédais guère ! Fort ignorant en peinture, assez pauvre musicien... mauvais calculateur... écrivant comme un chat ! Je dois avouer que je m'étais toujours plus occupé de plaisirs que d'études... Ah ! si l'on pouvait prévoir les événements, on prendrait ses précautions... Je crois cependant qu'il vaut encore mieux que l'on ne lise pas dans l'avenir... Convenez, cher comte, que nous y aurions vu de trop épouvantables malheurs...

— En effet, ce serait une fâcheuse science !... Mais continuez donc.

— Eh bien, un jour que dans une auberge d'une petite ville d'Allemagne je venais de manger mon dernier écu et me demandais à quel saint il fallait m'adresser pour sortir d'embarras, j'aperçus un vieux cor de chasse suspendu à la muraille. Vous devez vous rappeler, comte, que j'ai toujours été grand chasseur, que cet exercice était chez moi une passion; mais ce que vous ne savez peut-être pas, c'est que je donne du cor de chasse comme saint Hubert lui-même... je sais même moduler mes sons, et je m'amusais souvent à jouer des fanfares de ma composition. Me voilà donc, dans mon désespoir, décrochant le cor qui depuis longtemps, je crois, n'avait pas été touché, et me mettant à la fenêtre, j'exécute une de mes fanfares les plus belles, puis une autre, puis une autre encore... et avec un tel succès que la foule s'était amassée devant l'auberge, et que l'on m'applaudissait à tour de bras!

Bientôt l'hôte s'avance vers moi, son bonnet de coton à la main, et, après m'avoir fait de grands compliments sur la manière dont je jouais du cor de chasse, me dit qu'une riche bourgeoise, habitant une maison voisine et qui adorait la musique, me faisait prier de passer chez elle, si cela ne me dérangeait pas.

Je n'avais rien de mieux à faire que d'être agréable à cette dame; je me rendis chez elle. Je trouvai une énorme femme de quarante ans, mère de deux demoiselles de quinze à seize ans, qui étaient aussi fortes que leur mère. Dans cette famille, toutes les dames avaient les goûts masculins; elles faisaient fort bien le coup de fusil. La grosse Allemande me demanda si je ne consentirais pas à lui donner des leçons de cor de chasse, à elle et à ses deux filles, en me disant de fixer moi-même le prix de mes leçons. Je n'avais pas à hésiter! c'était une bonne aubaine que la Providence m'envoyait. Me voilà donc professeur de cor de chasse pour dame; mais ce qu'il y a de singulier, c'est que presque toutes les dames de la ville, ayant entendu mes élèves et charmées de la façon toute nouvelle dont elles faisaient résonner le cor de chasse, voulurent aussi prendre de mes leçons; cela devint un engouement, une fureur! Chaque dame avait son cor de chasse, avec lequel elle se mettait à sa fenêtre, et alors c'était un hallali général et à qui de mes élèves l'emporterait sur ses rivales!...

— Cela devait faire un bruit épouvantable dans la ville?

— Justement; et cela arriva au point que le bourgmestre fut obligé de faire défendre le cor de chasse. Les dames se révoltèrent. On leur accorda la permission d'en jouer depuis minuit jusqu'à six heures du matin, parce qu'on espérait qu'alors elles aimeraient mieux dormir que de profiter de la permission; mais, à minuit, le son du cor retentit dans tous les quartiers de la ville : c'était à croire que l'on chassait dans toutes les rues, d'autant plus que les chiens, peu habitués à ce vacarme nocturne, y mêlèrent leurs aboiements, ce qui compléta l'illusion. Moi, je riais comme un fou dans mon lit, enchanté des talents que déployaient mes élèves!... Mais, à six heures du matin, un échevin entra dans ma chambre, en me signifiant très-poliment que j'eusse à partir de la ville dans la journée même, parce que je mettais tous les habitants mâles en danger de devenir sourd. Je m'exécutai de bonne grâce!

J'avais fait payer mes leçons fort cher, j'avais amassé de l'argent, et je me rendis en Angleterre, où je retrouvai mon oncle et de bons amis.

Mais vous, mon cher comte, vous qui êtes resté en France pendant cette terrible époque, combien de périls, de dangers vous avez dû courir!...

— En effet!... c'est un miracle si je suis encore vivant!

— Pourquoi n'avoir pas fait comme nous?

— Moi! m'expatrier!... oh! non... et, d'ailleurs, le marquis de Sauvigné et sa fille étaient à Paris... est-ce que je pouvais les quitter?... Vous avez appris leur mort?...

— Oui... nous avons eu ces désolantes nouvelles...

— Vous avez su que ce misérable Séverin, après avoir osé parler d'amour à sa jeune maîtresse, avait été la dénoncer pour se venger de ses mépris?

— Oui; oh! j'ai su tout cela par votre frère, à qui vous l'aviez écrit. Quel misérable que ce Séverin! un petit drôle que le marquis élevait par charité! On disait, je crois, que c'était un descendant du trop fameux Cartouche?

— C'est la vérité. Ce Séverin est son petit-fils.

— Il est bien digne de son aïeul!

— Vous alliez quelquefois chez M. de Sauvigné; avez-vous aperçu ce Séverin?

— Ma foi! je l'ai peut-être aperçu, mais sans y faire attention... on ne remarque pas un domestique... Si l'on m'avait dit alors qu'il descendait du fameux Cartouche, oh! je l'aurais bien certainement regardé avec curiosité; mais M. de Sauvigné ne le disait pas...

— Par bonté... par pitié pour ce garçon dont il avait pris soin, et qui devait si bien reconnaître ses bienfaits!

— Et qu'est-il devenu ce misérable?

— Je l'ignore... mais si jamais je le rencontre... Ah! vous devez bien penser que mon vœu le plus ardent est de punir le monstre qui a conduit Honorine à l'échafaud.

— Oh! je vous crois; et, dans cette circonstance, si vous avez besoin de moi... je serai trop heureux de vous aider à punir un tel scélérat!

— Merci, chevalier; mais depuis huit ans... cet homme est peut-être mort... C'est assez nous occuper de ces affreux événements... Dites-moi, Mérillac, pendant votre séjour en Angleterre, vous avez vu mon frère?

— Oui, vraiment. Oh! il ne s'ennuyait point là-bas; il menait joyeuse vie... autant toutefois qu'on peut la mener joyeuse en Angleterre!... Ah! mon cher comte, il n'y a que la France pour s'amuser!... Si vous saviez avec quel plaisir je me promène sur le boulevard, bien qu'il fasse très-froid!... mais on ne sent pas qu'il gèle quand on est content... Je cherchais notre *Nicolet*, notre *Audinot*...

— Ah! ils se sont transformés! c'est maintenant le théâtre de la Gaîté et celui de l'Ambigu-Comique; le mélodrame a remplacé les Grands Danseurs du roi et les Marionnettes!

— Le mélodrame... qu'est-ce que cela?... nous ne connaissions pas ce mot-là, il me semble?

— Le mot est assez bien inventé, puisque ces pièces sont des drames mêlés de musique et de pantomime ; on y ajoute des danses, des combats, beaucoup de spectacle, et cela fait fureur.

— Fort bien ; je viendrai voir des mélodrames .. Mais revenons à votre frère. J'étais souvent son compagnon de plaisirs, car vous savez que je n'ai pas l'humeur noire... Il a eu diablement d'aventures galantes, votre frère !...

— Oui, oui... je le sais...

— Mais toutes ne sont pas heureuses ; et, il y a un an, dans un duel qu'il eut avec un rival... pour une petite marchande de la Cité, qui certes n'en valait pas la peine, il reçut un coup d'épée dans le côté, que l'on jugea d'abord peu dangereux, et qui cependant tourna mal... car, au bout de six semaines... il mourut !

— J'ai appris ce fatal événement, auquel j'étais loin de m'attendre, car mon frère avait passé la cinquantaine... je le croyais devenu raisonnable.

— Mon cher Germancey, il n'y a pas d'âge pour les braves... et que voulez-vous? quand le cœur est toujours jeune... on aime les femmes à tout âge !

— C'est possible ; mais on ne le leur prouve pas de la même manière.

— Votre frère, peu de temps avant de mourir, me fit venir près de lui et me donna un pli cacheté, en me priant de vouloir bien vous le remettre lorsque je rentrerais en France, et surtout de ne le remettre qu'à vous-même. La manière dont il me recommanda cette lettre me prouve qu'il attachait beaucoup d'importance à cette mission. Je suis donc heureux de pouvoir, dès mon arrivée à Paris, remplir les dernières intentions de votre défunt frère.

En achevant ces paroles, le chevalier de Mérillac déboutonne sa vaste redingote bleue, fouille dans une poche de côté, y prend un grand portefeuille et en tire une lettre soigneusement cachetée qu'il remet à M. de Germancey.

— Voici la lettre que M. votre frère m'avait remise pour vous. Je vous laisse en prendre lecture, et je vais continuer à renouer connaissance avec mon cher Paris... Si vous voulez, comte, nous nous retrouverons pour dîner ensemble...

— Volontiers...

— Où peut-on se retrouver maintenant?... Indiquez-moi un endroit que je connaisse encore... Avons-nous toujours le Palais Royal?

— Oui; il a changé de nom plusieurs fois, mais sa physionomie est restée la même...

— Eh bien, j'y serai à quatre heures, devant le Perron.

— Fort bien! je vous y rejoindrai.

M. de Mérillac s'est éloigné; le comte, resté avec sa lettre à la main, se dirige vers un petit café assez peu fréquenté le matin, et là il s'assied à une table et prend connaissance de la missive de son frère. Mais à mesure qu'il la lit son front se rembrunit, et lorsqu'il en a terminé la lecture, il appuie sa tête sur une de ses mains, en se disant :

— Voilà une chose à laquelle j'étais loin de m'attendre ! .. et mon frère me charge là d'une commission bien difficile... et qu'il me sera peut-être impossible d'exécuter !

VII

PREMIÈRE REPRÉSENTATION DE L'HOMME A TROIS VISAGES

Ce soir-là, on donnait au théâtre de l'Ambigu-Comique la première représentation d'un mélodrame dont on disait d'avance monts et merveilles; il était d'un jeune homme, nommé *Guilbert Pixérécourt*, destiné à avoir de grands succès sur le boulevard du Temple. Le titre : *l'Homme à trois visages*, piquait vivement la curiosité. Aussi, dès cinq heures du soir, une queue formidable était formée devant le théâtre.

Parmi ceux qui faisaient queue pour les petites places, on pouvait distinguer le jeune Moucheron. Il était arrivé un des premiers devant le bureau, et là, tenant d'une main un cervelas, de l'autre un énorme morceau de pain, il mangeait avec appétit, tout en causant avec les voisins et apostrophant parfois les passants.

Le petit Beaulard, montreur de figures de cire, vient de passer devant la queue et s'entend aussitôt appeler par le jeune commissionnaire.

— Ohé! Beaulard! écoute donc un peu... approche de la balustrade... on te laissera approcher, on voit bien que tu ne veux prendre la place de personne, toi, avec ta grande baguette...

— Tiens! que fais-tu donc là, toi, Moucheron?

— Ce que je fais? est-il bête! Tu ne vois pas que je me suis mis en queue pour avoir une bonne place, pour voir le nouveau mélodrame... *l'Homme à trois visages!*... c'est ça un titre qui promet!...

— Si c'était l'homme à douze visages, dit un gros garçon qui est derrière Moucheron, ça promettrait encore davantage!... eh! eh! eh!

— Eh ben, quoi? vous avez l'air de rire, vous? est-ce que vous venez voir la pièce pour vous moquer?... Si vous croyez que ça n'est pas bon, pourquoi que vous venez? pourquoi que vous vous mettez à la queue, où vous tenez tant de place avec votre bedaine?

— Allons! la paix, messieurs! dit un gendarme, le premier qui se bat à la queue, je l'en fais sortir!

— Pourquoi se moque-t-il du titre de la pièce... il tient trois places à la queue! c'est dégoûtant ça! quand on est épais comme ça... on ne se met pas à la tête de la queue... Dis donc, Beaulard... fais-moi un plaisir...

— De quoi que c'est?...

— J'étouffe, moi!... v'là une heure que je mange sans boire, et le saucisson ça altère! va donc me chercher un verre de coco... tu seras bien gentil!

— D'un liard ou de deux?

— Un grand verre, nigaud, puisque je te dis que j'étouffe.

Le jeune Beaulard va faire sa commission et ramène bientôt près de la balustrade un marchand de coco, qui trouve là de nombreuses pratiques.

Un petit homme qui accourt par la chaussée, s'approche de la queue et dit à Moucheron :

— Voulez-vous me vendre votre place... je vous en donne cinq sous.

— Vendre ma place!... moi! vendre ma place, mais vous m'en donneriez un petit écu que je ne vous la vendrais pas! une pièce dans laquelle jouent MM. *Tautin*, *Corsse*, *Révalard*, *Joigny*, *Dumont* et mam'zelle *Lévêque!* et qui est de l'auteur du *Pèlerin blanc*, de *Cœlina ou l'Enfant du mystère!*... Pas de danger que je cède ma place... pas pour un écu de six livres à la vache!... Ah! bon! voilà qu'on pousse à présent! sont-ils bêtes! à quoi que ça sert de pousser, nous n'en irons pas plus vite, puisque le bureau n'est pas ouvert!

Pendant que ceci se passe à la porte du théâtre de l'Ambigu; deux messieurs arrivent bras dessus, bras dessous par le boulevard Saint-Martin, et vont droit à l'étalage d'oranges de la jolie Florentine.

C'est M. de Germancey et son ami le chevalier de Mérillac. Ces messieurs se sont arrêtés devant la jeune fille, et le comte dit à son ami :

— Voici la personne dont je vous ai parlé, chevalier, c'est à sa pauvre mère que j'ai dû la vie... je vous ai conté tout ce qu'elle a fait pour moi. Jugez si je dois porter de l'intérêt à cette chère enfant, qui, avec cette charmante figure, a déjà la bonté, les vertus de sa mère.

M. de Mérillac fait un gracieux salut à Florentine, qui est toute confuse, il s'écrie :

— Vive Dieu ! qui ne porterait intérêt à une si charmante personne !... cependant il ne faut pas qu'elle nous fasse oublier de prendre notre café, avant d'entrer au mélodrame... car vous saurez, mademoiselle, que ce cher Germancey me mène ce soir voir une de ces pièces qui font à la fois frémir et rire...

— Ces messieurs vont à l'Ambigu voir la première représentation de *l'Homme à trois visages?*

— Ah ! c'est une première représentation? Tant mieux... cela n'en aura que plus de charme, les primeurs plaisent toujours !

— Mérillac, veuillez aller m'attendre au café en face... je vais causer un moment avec ma jeune amie, puis je vous réjoins.

— Très-bien... je vous attends.

M. de Mérillac se rend au café, et le comte, resté près de Florentine, la regarde en souriant et murmure :

— Eh bien, le chagrin de l'autre jour est-il un peu calmé... les amours vont-ils mieux... Aimez, chère petite, aimez ! c'est de votre âge ! mais seulement tâchez de bien placer vos sentiments et de ne point livrer votre cœur, si jeune et si pur, à quelqu'un qui serait indigne d'un tel trésor.

Florentine tend sa main à M. de Germancey; et, tout en rougissant, balbutie :

— Oui, monsieur, oui, vous avez bien deviné... mon cœur s'est laissé prendre... j'ai peut-être eu tort... mais c'était plus fort que moi...

— L'amour ne raisonne pas, mon enfant, surtout à votre âge; et, à dire vrai... je ne sais pas trop à quel âge il raisonne... quand il le fait, ce n'est plus de l'amour.

— Mais je n'ai encore aucune faute à me reprocher... j'aime... j'en suis convenue avec celui qui m'a inspiré ce sentiment... voilà tout !

— C'est fort bien pour le moment. Mais cet amour est-il de longue date ?

— Non, monsieur... je l'ai vu presque tous les jours pendant un mois... ce temps a suffi pour me le faire aimer... il venait le matin et le soir... il me parlait... si tendrement... ses yeux brillaient de tant de feu... j'ai été bien vite émue en l'écoutant...

— Enfin il vous plaît ! Tout est dans ce mot. Mais vous venez de dire il venait... est-ce qu'il ne vient plus ?

— Hélas ! non, monsieur !... depuis plus de deux mois je ne l'ai pas aperçu et je ne vous cache pas que cela me désole !...

— Aviez-vous eu quelque querelle ensemble... entre

amoureux on a souvent de ces petits débats qui donnent plus de charme aux raccommodements.

— Non, monsieur, nous n'avions pas eu le moindre différend.... il me priait de... revenir causer avec lui... après la vente... j'hésitais, voilà tout.

— Il est peut-être malade. Vous êtes-vous informée? Vous savez sans doute son nom, son adresse, ce qu'il fait?

Florentine baisse les yeux en répondant :

— Je sais qu'il s'appelle Francisque... mais... c'est tout.

— Quoi ! ce jeune homme... car c'est un jeune homme naturellement?

— Oui, monsieur, il doit avoir tout au plus vingt-cinq ans.

— Eh bien, ce jeune homme ne vous a pas dit ce qu'il faisait... sa profession, sa position dans le monde?...

— Non... pas encore... il allait me le dire, sans doute, la dernière fois que je l'ai vu, car je le questionnais à ce sujet, mais un homme est venu près de lui, qui lui a dit quelques mots à l'oreille, alors Francisque m'a quittée précipitamment, en me disant : « Je vous reverrai bientôt ! »... bientôt ! et voilà près de trois mois de cela !... Qu'est-ce que cela veut dire... que peut-il lui être arrivé?... Ah ! je suis bien tourmentée !

Le comte réfléchit et secoue la tête en murmurant :

— Je n'aime pas ce mystère... on agit avec franchise quand on n'a que de bonnes intentions...

— Vous croyez qu'il m'a trompée, n'est-ce pas, monsieur, qu'il ne m'aime pas... qu'il m'a déjà oubliée?

— Il ne vous a pas trompée, puisqu'il ne vous a rien dit; il n'est pas probable qu'il vous ait oubliée, puisque vous ne lui avez pas encore cédé... les hommes oublient après, mais pas avant, voilà la marche, ma chère enfant; quelque affaire pressante... un voyage, une maladie... tout cela peut le retenir loin de vous; mais vous le reverrez, j'en suis bien certain. Alors, croyez-moi, tâchez de savoir ce qu'il est, ce qu'il fait... si vous lui donnez votre amour, c'est bien le moins qu'il vous donne sa confiance.

— Oui, monsieur, oh! je questionnerai Francisque... je saurai si c'est une femme qui le guettait l'autre soir et qui a été cause de son prompt départ!

— Ah! voilà surtout ce que vous voulez savoir...

— N'est-ce pas tout naturel, monsieur? Ah! je voudrais que vous vissiez ce jeune homme... vous avez de l'expérience, vous, monsieur... Moi, je suis toute simple, je crois ce qu'on me dit, mais je suis bien sûre que vous sauriez tout de suite si Francisque est digne de mon amour.

— Moi aussi je serais bien aise de le connaître. Mais ce sera facile, un jour vous lui direz de revenir le lendemain... en lui indiquant une heure, et vous m'avertirez...

— Oui, monsieur, oui... si je le revois!...

Et la jolie marchande pousse un gros soupir.

— Mais oui, vous le reverrez! reprend le comte, bien qu'il vaudrait mieux peut-être pour vous qu'il ne revînt jamais... car un garçon qui s'enveloppe de tant de mystères... Oh ! je n'aime pas cela !... Mais Mérillac m'attend au café... Au revoir, ma chère Florentine, au revoir !

La salle du théâtre de l'Ambigu-Comique était, à sept heures du soir, entièrement pleine. Cette salle avait alors tout autour du parterre un pourtour contenant trois rangs de banquettes ; ce pourtour n'était point entièrement clos par derrière, il n'était fermé que par une séparation à hauteur d'appui, si bien que, lorsqu'il n'y avait plus de place au parterre, les spectateurs se tenaient encore dans le couloir, derrière le pourtour, d'où l'on voyait passablement, surtout ceux qui avaient les places contre la séparation. Il y avait même des amateurs, des habitués qui préféraient cette place à toute autre, parce que, souvent, sur la dernière banquette du pourtour, il y avait des dames, de jolies femmes, et que, celui qui était debout derrière elles dans le couloir, était fort commodément pour les voir, et même essayer de causer et de faire connaissance.

Le comte de Germancey et le chevalier de Mérillac étant restés un peu longtemps au café, n'avaient plus trouvé dans la salle une seule place pour s'asseoir. Il leur avait donc fallu se contenter de rester debout derrière le pourtour, et encore les places où l'on pouvait s'appuyer sur la séparation étaient-elles presque toutes prises, et un second rang de spectateurs debout commençait à se former. Cependant M. de Germancey était parvenu à se mettre en avant, et il avait engagé son ami à se tenir près de lui, mais M. de Mérillac venait d'apercevoir, plus loin, tout près de la scène, une fort jolie femme assise sur le dernier banc, il y avait encore une place derrière elle, parce que c'était à peine si, de là, on pouvait apercevoir la première coulisse en face. Mais le chevalier a couru prendre cette place, en disant :

— J'en verrai toujours bien assez de la pièce ! mais, du moins, si elle m'ennuie, j'aurai autre chose à regarder.

Le jeune Moucheron était au paradis, mais sur le devant, à gauche de la scène, et de là, avant que l'on ne commence, il ne se gênait pas pour faire la conversation avec de ses camarades placés fort loin de lui. Mais dans ces petits théâtres, il régnait alors une grande liberté dans les entr'actes, et souvent les dialogues de ces messieurs du paradis amusaient beaucoup les spectateurs des loges.

— Raffile joue-t-il dans la pièce? crie un individu en blouse qui est en train de manger des pommes.

— Non, il ne joue pas!

— Ah! ben, flûte!... je m'en vas !....

— Est-il bête ce Jean ! dit Moucheron, s'en aller parce que *Raffile* ne joue pas!... mais je le connais... c'est pas à cause de Raffile qu'il s'en va, c'est pour vendre sa contremarque... il aura eu une entrée à l'œil, et il veut se faire des monaco!... connu !...

Cependant la pièce nouvelle commence : le premier acte marche fort bien, le brigand *Abelino*, qui n'est qu'une imitation d'une pièce anglaise (*le Brigand de Venise*), fait frémir les spectateurs, et transporte d'admiration les messieurs du paradis.

M. de Mérillac a peu écouté *Abelino* et la belle *Rosemonde*, parce qu'il a beaucoup regardé la jolie dame qui est placée devant lui. Il a même commencé à entamer la conversation, en risquant quelques mots sur la crainte que l'on avait de gêner, en appuyant ses bras sur la séparation, mots auxquels on a répondu d'une façon fort aimable, en assurant au monsieur qu'il ne gênait nullement, et qu'il pouvait placer son bras sur la barrière ; le chevalier ne manque pas d'user de la permission, si bien que son bras et sa main effleurent quelquefois les épaules de cette dame ; mais du moment qu'elle a dit que cela ne la gênait pas, il eût même été maladroit de ne point continuer.

M. de Mérillac se trouverait donc fort bien à la place qu'il occupe, s'il ne se sentait pas à chaque instant pressé et poussé par un homme assez mal mis, dont la tête est ornée d'une espèce de bonnet de loutre à visière, laquelle visière est rabattue sur son front de manière à cacher presque ses yeux, ce qui, pourtant, n'empêche pas de voir qu'ils sont fauves et louches, que son nez est mince et forme un angle aigu par le milieu, que sa bouche est énorme et dégarnie de dents, enfin que sa figure est cave, ses joues creuses et tout son ensemble très-peu fait pour inspirer la confiance.

Plusieurs fois, M. de Mérillac a dit à son incommode voisin :

— Monsieur, vous me gênez ! et celui-ci répond d'un ton très-humble et très-poli :

— Oh ! excusez-moi, monsieur, c'est que je voudrais bien voir un petit peu.

— Mais quand vous me presserez ainsi, vous n'en verrez pas plus; j'ai une barrière devant moi, je ne puis pas avancer davantage.

— Oh! c'est juste... je vous demande bien pardon... mais je cherche à voir un peu *Abelino*!

Si cet homme n'avait pas répondu aussi poliment, M. de Mérillac l'eût déjà brusquement repoussé; mais le voisinage de la jolie dame du pourtour lui fait prendre patience.

Le premier acte de l'*Homme à trois Visages* s'est terminé au bruit des applaudissements et des bravos... mais alors tout le monde veut profiter de l'entr'acte pour se donner de l'air, les uns sortent, les autres se lèvent. Cependant, dans le couloir du rez-de-chaussée on ne pouvait guère quitter sa place sans craindre de la perdre et M. de Mérillac n'aurait pas voulu perdre la sienne; il espérait que son monsieur à casquette de loutre, qui n'était que sur le second rang, sortirait au moins pendant l'entr'acte, mais celui-ci n'en fait rien, au contraire, il tâche de se faufiler au premier rang.

Au milieu de ce mouvement qui régnait dans la salle, la jolie dame s'était levée et, pour respirer plus à l'aise, tournée du côté du couloir; le chevalier se trouvant alors son vis-à-vis, n'avait pas manqué cette occasion pour renouer l'entretien; il était aimable, galant; il avait de l'esprit, c'est plus qu'il n'en faut souvent pour se faire écouter.

Tout à coup et lorsque la conversation était le plus animée, M. de Mérillac fait un brusque mouvement en s'écriant:

— Au voleur! au voleur!... ah! drôle! tu me prends ma montre!... mais tu ne te sauveras pas avec!

C'est l'individu si laid et si poli qui, voyant son voisin fort en train de causer avec une dame, avait cru le moment favorable pour faire le coup qu'il méditait depuis longtemps. Mais un secret pressentiment avait engagé Mérillac à se méfier de cet homme qui s'obstinait à se tenir contre lui; tout en causant il observait ses mouvements, et lorsque celui-ci, après avoir fort adroitement soutiré la montre, allait disparaître avec, il s'était senti saisi par une main si ferme, si rude, qu'il lui avait été impossible de se sauver.

Les cris : Au voleur! ont bien vite fait assembler du monde autour du volé! bientôt un agent de police perce la foule, M. de Mérillac lui remet son voleur qu'il tient toujours par le bras, et lui fait voir sa montre que le coquin a vite lâchée, et qui est à terre où elle s'est brisée.

En vain, l'individu au nez cassé s'écrie :

— Ce n'est pas moi... je suis innocent!... ce n'est pas moi qui ai pris la montre... ce monsieur se trompe!

L'agent le saisit au collet, en lui disant :

— Il est fâcheux que nous vous reconnaissions, mon drôle, ce n'est pas votre première affaire... vous n'en êtes pas à votre début... allons, marchons!... Monsieur, voulez-vous bien venir jusqu'au poste faire votre déclaration...

— Laissez-moi d'abord ramasser les débris de ma montre...

— Comment, tu te fais voler? dit M. de Germancey,

qui est parvenu à percer la foule pour s'approcher de son ami.

— Oui, mon cher, oh! j'ai toujours des aventures, moi; mais viens ici et garde ma place à laquelle je tiens beaucoup et que je te prierai de me rendre, quand j'aurai fait coffrer ce monsieur, qui se fourrait dans ma poche, soi-disant pour voir un petit peu *Abelino*.

On entraîne le voleur; M. de Mérillac va déclarer au commissaire ce qui s'est passé, puis l'individu arrêté est emmené par des gendarmes. Mais cet événement a fait du bruit, les spectateurs du paradis qui aiment beaucoup à voir des voleurs sur la scène, ne sont pas moins empressés pour les voir à la ville; Moucheron est un des premiers, et l'aspirant garçon limonadier, Boursiquet, qui sait toute l'affaire, quitte son café pour accourir dire à Turlure et à Florentine:

— Mesdemoiselles! on vient d'arrêter un voleur... à l'Ambigu... pendant la pièce nouvelle!...

— Est-ce qu'on a volé l'homme à trois visages? s'écrie Turlure.

— Mais non, on a volé une montre à un particulier, mais le voleur est pincé... les gendarmes l'emmènent... Tenez, il va passer par ici... vous allez le voir tout à votre aise... oh! il est bien laid!...

En effet, deux gendarmes s'avançaient en écartant les curieux, et ils avaient entre eux le particulier, en casquette de loutre, auquel on avait mis les poucettes, et qui marchait aussi tranquillement que s'il était à la promenade.

Ce groupe passe tout près de l'étalage de Florentine, qui a pu fort bien voir le voleur et ressent comme un secret frémissement, tout en se disant :

— C'est singulier!... il me semble que j'ai déjà vu cet homme quelque part!...

VIII

UN INCROYABLE

L'été avait remplacé le printemps; le boulevard du Temple avait plus de promeneurs que jamais, et l'Ambigu-Comique qui avait obtenu un immense succès avec son *Homme à trois Visages*, voyait chaque soir le public venir faire queue devant ses bureaux; ce qui amenait aussi plus de pratiques pour les marchandes qui étalaient devant le théâtre; aussi ces dames étaient-elles presque toutes en belle humeur, excepté la plus jolie; mais Florentine avait compté les jours, puis les semaines, puis les mois, et celui qui avait touché son cœur n'était pas revenu.

Sa voisine Turlure, qui s'apercevait de la tristesse et

en devinait le sujet, car les femmes ont un talent tout particulier pour deviner les secrets d'amour, lui dit un soir :

— Eh bien, Florentine, c'est donc fini, tu ne veux donc plus jamais rire .. tu auras donc toujours cet air triste, sombre, qui jure avec ta jolie figure !... tu n'es pas raisonnable, ma petite, car, entre nous, je crois que les hommes ne valent pas la peine que nous nous chagrinions pour eux !

— Et qui te dit que c'est pour un homme que je suis triste? répond Florentine avec humeur.

— Oh! ma petite, c'est pas entre nous qu'il faut se faire des cachotteries... il ne vient plus ce joli muscadin qui te marchandait toujours des oranges et ne t'en achetait jamais... il avait l'air bien ardent pourtant...

— Il est peut-être malade... peut-être mort!...

— Oh! que non!... pourquoi supposer ça... mais les hommes sont si capricieux... moi aussi, je ne t'ai pas caché que j'en tenais pour monsieur *Révalard*... mon grand acteur... il a cinq pieds six pouces, eh bien, ma chère, est-ce que hier, il ne m'a pas appris en causant, qu'il allait probablement quitter l'Ambigu-Comique pour entrer au théâtre de la Porte-Saint-Martin, qui va s'ouvrir par un drame à grand spectacle... qui s'appelle... ah! mon Dieu, il m'a dit le nom... Bizarre... oui... ah! non, *Pizarre ou la conquête du Pérou*... qui est de l'auteur de l'*Homme à trois Visages*, et il prétend que ce sera superbe!... moi, je lui ai dit : « Ce n'est pas gentil à vous de quitter notre boulevard, » et il s'est mis à rire et m'a répondu : « Vous ignorez que le théâtre de la Porte-Saint-Martin est l'ancien Opéra ! c'est une salle magnifique ! la scène est vaste, large, profonde... on peut y faire d'autres effets ! » J'ai compris que, comme il est très-grand, il lui faut plus de place pour jouer... mais c'est égal, voilà un nouveau théâtre qui va nous faire du tort et nous enlever du monde... ah ! mon Dieu ! pourvu qu'il ne nous prenne pas aussi monsieur *Tautin* !...

Florentine avait peu écouté ce que lui disait sa voisine, ses yeux s'étaient baissés vers la terre, elle était toute à ses souvenirs ; tout à coup, Turlure tousse d'une façon très-significative, puis lui crie :

— Mais lève donc les yeux... regarde donc... le voilà !..

Presque au même instant quelqu'un s'arrêtait devant la jolie marchande, qui pousse un cri... elle vient de reconnaître celui qu'elle attendait depuis si longtemps.

Et pourtant ce jeune homme a entièrement changé son costume, il est maintenant habillé tout à fait en *incroyable*, il porte de la poudre, et ses cheveux sont retroussés avec un peigne, il a un habit à la mode du temps, et sur sa tête le chapeau rond, à forme haute et pointue, qu'il enfonce fort avant sur son front, est entouré d'un crêpe ; enfin, il a totalement coupé ses favoris qui, auparavant, encadraient fort bien son visage.

Mais on ne trompe pas l'œil d'une amante, et puisque Turlure avait deviné le personnage, à plus forte raison devait-il être sur-le-champ reconnu par Florentine, qui a pâli, en balbutiant :

— C'est vous... ô mon Dieu !... c'est vous... enfin !...

— Oui, chère Florentine, ah ! croyez que le temps m'a semblé bien long... bien triste, loin de vous !...

— Être si longtemps... mon Dieu ! voilà cinq mois et plus ! je ne savais que croire... que penser... je vous ai cru mort ! puis ensuite, je me disais : Non, mais il m'a oubliée !...

— Vous oublier... oh jamais ! Je n'ai pas été un jour, un moment, sans penser à vous...

— Vous voilà !... je ne puis encore le croire... je crains de rêver...

— Non, non, c'est bien moi... c'est votre Francisque qui revient vers vous, plus amoureux que jamais...

— Ah ! que cela fait plaisir d'entendre parler quelqu'un qu'on aime... surtout quand il y a si longtemps qu'on n'a entendu sa voix...

— Et moi, que je suis heureux de vous revoir... toujours aussi jolie... ah ! cent fois plus encore !...

— Il me semble que vous avez changé quelque chose dans votre coiffure... dans votre manière de vous habiller... oh ! mais, tous les changements possibles ne m'auraient pas empêchée de vous reconnaître !

Le jeune homme ne semble pas enchanté de cette dernière phrase et il se retourne pour regarder derrière lui.

— Est-ce que vous cherchez encore quelqu'un... est-ce que vous avez peur que l'on vous voie me parler ? murmure la jolie fille, en regardant aussi de tous côtés, d'un œil jaloux.

— Non, non, moi craindre que l'on me voie vous parler... oh ! ne pensez pas cela...

— Mais enfin, la dernière fois que je vous ai vu, pourquoi m'avez-vous quittée si brusquement, sans même répondre à ce que je vous demandais... et cette longue absence... pourquoi?... ah! je veux le savoir, monsieur, je veux connaître les motifs qui vous ont retenu si longtemps loin d'ici... un homme s'était approché de vous, il vous avait parlé à l'oreille... qu'avait-il pu vous dire pour vous faire me quitter si brusquement?

Le jeune mirliflor prend un air grave, et répond :

— Cet homme... ce commissionnaire... m'était envoyé par un de mes amis, pour m'apprendre que... ma mère était fort malade et qu'il me fallait partir sur-le-champ si je voulais encore la voir...

— Votre mère... oh! mon Dieu!... pauvre jeune homme!...

— Vous devez bien penser que je n'hésitai pas!... Cette nouvelle était pour moi un coup de foudre... vous avez été témoin de l'effet qu'elle me fit...

— Oui... et moi qui vous accusais... ah! que j'avais tort... votre mère... il s'agissait de votre mère!... et... elle n'habitait pas Paris?

— Non, elle était dans le midi de la France... près d'Avignon...

— Vous êtes parti sur-le-champ?...

— Oh! oui, sur-le-champ... j'ai trouvé ma mère bien faible, bien souffrante, cependant ma présence sembla la ranimer, et pendant quelque temps je me flattai de la conserver encore; mais il y a un mois... je la perdis...

— Elle est morte... ah! pauvre jeune homme...

— Il me fallût ensuite mettre ordre à mes affaires... je voulus tout de suite vendre la propriété que possédait ma mère, afin de n'avoir plus à retourner dans un pays qui me rappelait un événement si douloureux... tout cela m'a retenu bien plus longtemps que je ne l'aurais voulu... et... vous savez tout maintenant.

Florentine tend sa main au jeune homme, elle a des larmes dans les yeux, en lui disant :

— C'est donc à moi de vous demander pardon, car je vous ai accusé de caprice, d'indifférence, lorsque c'était près de votre mère que vous remplissiez les devoirs d'un bon fils... ah! j'avais bien tort de vous accuser... on doit tout quitter, tout oublier, pour être agréable à sa mère, pour la soigner... vous m'auriez oubliée pour elle que je ne vous en voudrais pas...

— Mais vous saviez bien, Florentine, qu'il est impossible de vous oublier!... et il fallait cet amour pour me ramener ici... sans cela...

— Quoi, vous seriez resté dans ce pays où vous avez eu tant de chagrin?...

Francisque, hésite un moment, puis répond :

— Je ne veux pas dire que je serais resté dans ce pays-là, mais j'aurais voyagé...

— Mon Dieu!... j'y songe, c'est bien heureux qu'il ne vous soit rien arrivé par là !...

— Comment... que voulez-vous dire?

— Vous étiez dans le midi, n'est-ce pas?

— Oui, sans doute... dans les environs d'Avignon.

— C'est qu'on assure que c'est par là qu'est en ce moment cette fameuse bande de brigands qu'on appelle les *Chauffeurs*, et qui sont commandés par le terrible *Schinderhanne!...*

Le jeune incroyable fronce les sourcils, ses traits prennent une autre expression, et il murmure d'un ton assez brusque :

— Ah ! vous savez... qui donc vous a dit tout cela ?

— Mais tout le monde ici raconte des histoires sur les Chauffeurs commandés par ce Schinderhanne ! c'est à faire frémir, à donner le frisson !... il paraît que ces misérables, non contents de voler, de tuer partout où ils passent, font encore subir des souffrances inouïes aux malheureux qu'ils vont dépouiller, ils leur mettent les pieds dans le feu pour les forcer à dire où est caché leur argent !... et les pauvres torturés n'ont souvent rien à déclarer!...

— Assez !... assez!... est-ce qu'il faut ajouter foi à toutes les sottises que vous entendez débiter !

Florentine s'arrête, toute surprise de la manière dont son amoureux vient de lui répondre et du changement singulier qui s'est opéré dans sa physionomie et jusque dans sa voix ; mais presque aussitôt celui-ci reprend son air aimable, sa voix la plus douce et fixe sur elle des regards pleins de feu, en murmurant :

— Chère Florentine!... est-ce donc pour nous occuper de ces contes de portières que nous devons être ensemble?... n'avons-nous pas de plus tendres choses à nous dire ?...

— Oh ! sans doute... mais pourquoi donc êtes-vous si

élégant aujourd'hui?... cela me gêne pour vous parler... je vous aimais mieux avec votre mise d'autrefois...

— Eh bien, si elle vous plait mieux, je la reprendrai... au reste, j'aime assez à varier ma toilette... à essayer de différents costumes.

— Je n'y vois aucun mal... pourvu que votre cœur ne change pas comme votre costume!...

— Jamais... jamais, chère Florentine, mais mon Dieu!... Ce monde qui nous entoure... qui nous regarde... c'est insupportable... on ne peut se prendre les mains, les serrer tendrement dans les siennes... on ne peut se permettre la plus innocente caresse... et pourtant après avoir été si longtemps sans se voir, n'est-il pas tout naturel d'éprouver le besoin d'épancher son cœur loin des regards jaloux?... la contrainte que j'éprouve ici est un véritable supplice!... Ah! Florentine... si vous m'aimiez comme je vous aime, vous ne me refuseriez pas ce rendez-vous que je vous demande depuis si longtemps...

La jeune fille baisse les yeux, rougit et balbutie :

— Mon Dieu!... si cela vous fait tant de plaisir... je n'y vois pas grand mal... je ne veux pas vous faire de la peine... et que vous doutiez de mon cœur...

— Vous consentez... ah! je suis le plus heureux des hommes... ce soir à onze heures et demie... sur le boulevard en face de votre rue...

— Eh bien... oui.

— Ah! merci! merci! mille fois... je vous quitte maintenant... je me sauve de peur que vous ne changiez de résolution...

— Mais non... mais non... puisque je vous promets...

— A ce soir, chère Florentine, à ce soir.

Le jeune homme a disparu, Florentine le cherche encore des yeux en se disant : Il a peur que je ne revienne sur ma promesse !... ah ! c'est qu'il ne devine pas encore combien je l'aime ! combien je me sens heureuse de l'avoir revu !...

Et la physionomie de la jolie marchande s'est transformée, la tristesse a disparu pour faire place à un doux sourire, ses yeux ne se baissent plus vers la terre et elle tourne la tête vers sa voisine, qui lui dit :

— Allons, je vois que la paix est faite, tu viens de changer à vue comme dans une féerie dont j'ai vu un bout d'acte, au petit théâtre des Délassements-Comiques... là-bas, contre l'hôtel Foulon... mais ils veulent donner des féeries et ils n'ont jamais pu faire descendre le diable par une trappe, il a été obligé de sortir par la coulisse !... décidément ce n'est pas un théâtre, celui-là !... et puis ce poêle dans le milieu du parterre, merci ! ça ressemble trop à la loge de mon portier... il y avait un spectateur l'autre soir qui voulait y faire cuire des pommes...

— Tu l'as donc reconnu tout de suite, Turlure?

— Le spectateur qui voulait faire cuire des pommes?

— Mais non... tu sais bien de qui je veux parler!

— Ah ! ton beau jeune homme... ton incroyable ! car il est habillé en incroyable à présent... je l'ai reconnu à ses yeux qui sont comme des pistolets !... et t'a-t-il dit pourquoi il avait été si longtemps sans revenir te parler?

— Mais sans doute, ce pauvre garçon! il a perdu sa mère !...

— Ah! et elle ne demeurait donc pas à Paris?...

— Oh! non, mais bien loin, dans le Midi !...

— Elle a été longtemps pour mourir alors... après ça, c'est peut être un mensonge qu'il t'a fait!...

— Ah ! pourquoi supposer cela... n'as-tu pas vu un crêpe à son chapeau?

— Un crêpe!... comme c'est difficile de se camper un crêpe sur son chapeau!... mais après tout... ça peut aussi être vrai... que je suis bête de te dire ça... moi, qui suis si contente de te revoir gaie, heureuse... Ah bon ! v'la Boursiquet qui accourt... qu'est-ce qu'il me veut encore, ce nigaud-là?

L'aspirant garçon de café présente à mademoiselle Turlure une contre-marque en lui disant :

— C'est pour la Gaieté, c'est un monsieur qui vient de m'en faire cadeau, allez bien vite voir un acte du mélodrame nouveau... il paraît qu'il n'y a personne, et pourtant on dit que c'est superbe... *Élisa ou le triomphe des femmes*, joué par mademoiselle *Julie Parizet*... Ah ! en voilà une fameuse actrice... et une femme bien faite... c'est elle qui a créé *la fille hussard*, au théâtre de la Cité... et il paraît qu'en homme elle était si bien tournée, qu'on ne voulait plus qu'elle se remît en femme...

— Qu'est-ce qui joue en homme dans la pièce, ça m'intéresse plus que les femmes, moi !...

— MM. Cazot, Saint-Aubin, Rivière et Marty... ce dernier-là est un jeune homme qui est tout nouveau au théâtre, mais on dit qu'il ira, parce qu'il est passionné pour son art !...

— C'est bon, je vais aller voir un acte, mais ma boutique, qui est-ce qui me la gardera?

— Pardi ! mam'zelle, vous savez bien que je suis là pour vous remplacer, quand ça peut vous être agréable...

— Eh bien, à la bonne heure, en ce cas mettez-vous là, mon petit Boursiquet. Au reste, vous n'aurez pas grand chose à faire, le chausson aux pruneaux ne donne pas ce soir... c'est égal, veillez-y.

— Soyez tranquille, mam'zelle, je ne bouge pas de là... Je suis si heureux quand je suis assis à votre place, sur votre chaise... ça m'en donne mal au ventre !...

— C'est gentil ! s'écrie la marchande de pain d'épice, nous aurons de l'agrément alors !

Turlure a rajusté son bonnet sur sa tête et elle court au théâtre de la Gaîté.

Florentine ne remarque pas tout ce qui se passe autour d'elle ; mais la soirée lui semble longue ; parfois elle craint d'avoir eu tort en accordant ce rendez-vous, mais l'amour triomphe bientôt de ses appréhensions, toutes les jouissances qui offrent un danger à courir, ne sont-elles pas celles qui tentent le plus?

Enfin les spectacles ont fini. Les marchandes sont parties, il n'y a plus en étalage que les gâteaux, les chaussons de pommes, qui sont toujours gardés par Boursiquet. Le pauvre garçon n'ose pas quitter son poste, mais il murmure à chaque instant :

— C'est bien drôle! le spectacle est fini, et mam'zelle Turlure ne revient pas... qu'est-ce qu'elle peut donc faire toute seule dans la salle?... elle cause avec un pompier probablement!...

Après avoir porté sa marchandise chez elle, Florentine traverse la chaussée et se trouve sur ces boulevards, où alors il n'y avait point encore de maisons de bâties, et qui étaient bordés par les *fossés jaunes*.

A l'époque où se passent les événements que nous racontons (en 1801), les boulevards, depuis la rue de Ménilmontant jusqu'à la propriété de Beaumarchais, étaient encore, du côté du midi, ornés de gros arbres, dont l'ombrage protégeait les promeneurs et les personnes qui venaient se reposer sur les bancs de pierre placés à d'assez longs intervalles. Dans le jour, cet endroit était la promenade favorite des bonnes du quartier; mais le soir, c'était surtout les couples amoureux qui s'y donnaient rendez-vous, car, lorsque la nuit venait, il faisait bien noir, et l'endroit était bien solitaire le long des fossés jaunes et sous les vieux arbres qui semblaient les protéger.

A onze heures et demie sonnés, cette promenade était sombre, déserte et même dangereuse. Car à cette époque, les boulevards n'étaient presque pas éclairés, le gaz était inconnu et les quelques lanternes qui, de loin à loin, se balançaient sur la chaussée, ne projetaient que de bien faibles lueurs.

Florentine avance sans crainte sous les vieux arbres, rien ne chasse mieux la peur que l'amour, mais la jolie fille ne marche pas longtemps sans rencontrer une personne qui s'empare bien vite de son bras, qui le presse tendrement sous le sien, et porte à ses lèvres la main qu'elle lui abandonne.

— Vous voilà... enfin, je suis près de vous... je puis vous parler... sans que des yeux indiscrets nous observent, sans que le premier passant puisse venir nous interrompre, sous prétexte de vous acheter quelque chose... Florentine, est-ce que vous ne partagez pas mon bonheur?...

— Oh! sans doute... et pourtant j'ai peut-être eu tort de vous accorder ce rendez-vous...

— Quand on aime bien, ne doit-on pas tout sacrifier à l'objet de son amour?

— Tout... excepté son honneur... sa réputation...

— Oh! ce sont là des mots!... une passion véritable cède d'abord à l'élan de son cœur... est-ce qu'on raisonne... quand on aime bien?...

— Ah! Francisque, que dites-vous là... vous m'avez laissé comprendre que vous vouliez m'épouser... si je vous cédais, si je consentais à devenir votre maîtresse, vous ne voudriez plus de moi pour votre femme!...

— Oh! ne croyez pas cela... oui sans doute, vous serez ma femme... mais il faut que les circonstances changent...

— Comment? n'êtes-vous pas votre maître, votre mère est morte... et vous m'avez dit que depuis longtemps vous aviez perdu votre père...

— En effet... je suis bien mon maître... mais je veux

parler de ma position de fortune... elle n'est pas encore ce que je voudrais...

— Oh ! je ne tiens pas à l'argent, moi.

— C'est possible, mais moi je ne veux pas que ma femme vende des oranges... fi donc, exposée sans cesse à tous les regards... non, non, je veux qu'elle soit chez elle, dans un joli petit appartement meublé avec goût...

— Est-ce que je demande tant de choses?...

— Venez-vous asseoir là, sur ce banc... nous y serons mieux pour causer...

Florentine se laisse conduire sur un des rares bancs de pierre qui se trouvaient dans une des allées de ce large boulevard; là, son amoureux passe un bras autour de sa taille et serre contre lui la jeune fille, qui se défend assez mal contre des marques de tendresse qui font délicieusement battre son cœur.

— Mais enfin quand pensez-vous que vous pourrez m'épouser ? balbutie Florentine, après un moment de silence, pendant lequel l'haleine brûlante du jeune homme a empourpré les joues de celle qu'il tient enlacée.

— Oh ! dans fort peu de temps, je l'espère... j'ai quelques créances à recouvrer...

— Eh bien, mon ami, puisque votre intention est de me retirer du commerce, si cela ne vous déplaît pas, nous irons vivre à la campagne... Ah ! je serais si contente d'habiter les champs !

— Je ferai tout ce que vous voudrez... je veux réaliser vos moindres désirs...

— Oh ! mon Dieu !...

— Qu'avez-vous donc?

— Il vient de passer deux hommes là-bas... ne les voyez-vous pas?

— Oui... en effet...

— Ah! Francisque, j ai peur... cet endroit est si noir, si désert à cette heure...

— Il est certain qu'on a dû quelquefois y faire de mauvaises rencontres...

— Allons-nous-en... je ne veux pas rester ici davantage...

Florentine a pris le bras du jeune homme, ils se remettent en marche, en se tenant la main, en échangeant de tendres soupirs. Le chemin n'était pas long, ils sont bientôt arrivés rue des Filles-du-Calvaire, devant l'allée de la maison où loge Florentine. Elle a pressé le bouton caché, qui ouvre la porte, en disant :

— Adieu, mon ami, je vous verrai demain, j'espère?

— Adieu ! quoi ! déjà adieu ! vous me renvoyez quand j'ai eu à peine dix minutes d'entretien avec vous !... Oh! je ne puis consentir à vous quitter déjà... de grâce, chère Florentine, laissez-moi monter avec vous... que nous puissions causer encore quelque temps... et je partirai dès que vous me l'ordonnerez.

La jolie fille hésite, elle murmure :

— Vous recevoir... dans ma chambre... Oh ! non, il me semble que ce ne serait pas bien.

— Où donc est le mal?... Cela ne peut vous compromettre... à l'heure qu'il est, qui le saura? car il n'y a pas de portier dans votre maison?

— Non... mais...

— Ne suis-je pas votre esclave le plus soumis... et après avoir été si longtemps sans nous voir, trouvez-vous donc que ce soit assez de ces quelques minutes que nous venons de passer ensemble?... Ah ! si vous me renvoyez si vite, c'est que vous ne m'aimez pas !

— Je ne l'aime pas, dit-il !... eh bien... mais vous me promettez de partir aussitôt que je vous le dirai ?

— Je vous le promets...

— Vous resterez une demi-heure, pas plus !...

— Je ne resterai que ce que vous voudrez...

— Eh bien... venez alors...

Florentine entre dans sa maison avec Francisque... et la nuit entière s'écoule sans que le jeune homme en soit sorti.

IX

LE MÉNAGE ROBERVAL

On n'a pas oublié qu'à la première représentation de *l'Homme à trois visages*, le chevalier de Mérillac commençait à causer avec une dame fort agréable, lorsqu'un filou, en lui volant sa montre, avait si brutalement interrompu cet entretien.

Mais le voleur une fois arrêté, le chevalier était revenu à sa place, que lui avait gardée son ami, M. de Germancey. Ce dernier, après avoir vainement engagé M. de Mérillac à venir se mettre près de lui, où il eût été beaucoup mieux pour voir, avait souri en regardant la jolie dame placée sur le dernier rang du pourtour, et s'était éloigné en disant à son ami :

— Toujours le même, je le vois!...

— Mais oui... le plus longtemps possible du moins!

— Allons, bonne chance, chevalier!

M. de Germancey s'étant éloigné, Mérillac ne songe plus qu'à renouer l'entretien avec la jolie dame.

C'est une femme de vingt-six à vingt-sept ans, blonde, fraîche, un peu grasse, mais laissant passablement voir une poitrine et des épaules qui, en effet, valaient la peine d'être admirées. Son visage, sans être fort bien à détailler, formait cependant un ensemble très-agréable; ses yeux bleus n'étaient pas grands, mais ils étaient très-expressifs; en revanche, sa bouche était grande, mais bien garnie, ses dents étaient exactement rangées et d'une blancheur éblouissante; aussi n'est-il pas besoin de vous dire que cette dame souriait souvent; que pour le moindre mot, qui souvent n'en valait pas la peine, elle éclatait de rire, de manière à vous laisser tout le loisir d'admirer les trente-deux perles qui ornaient sa bouche. Quand une dame tient tant à montrer ce qu'elle a de joli, cela doit donner beaucoup d'espoir à ceux qui soupirent pour elle.

Le chevalier, qui avait passé une grande partie de son temps à étudier les femmes, s'était dit en voyant pour un mot, un rien, cette dame faire parade de ses dents :

— Il me semble que voilà une place susceptible d'être attaquée; ou je me trompe fort, ou elle capitulera.

D'ailleurs, M. de Mérillac était encore d'âge à plaire : il avait quarante ans et ne les paraissait pas, il était bel homme, sa figure était agréable, puis il y avait surtout en

8.

lui ce parfum de bonne compagnie, ces manières qui décèlent sur-le-champ l'homme comme il faut, et, à cette époque, après avoir encensé les sans-culottes, on commençait à revenir vers ceux qui portaient avec grâce un habit.

La conversation s'était renouée facilement; la jolie dame n'était point seule, une espèce de femme de compagnie, déjà âgée, était avec elle, mais ne se permettait pas de se mêler à la conversation, et ne parlait que lorsque sa maîtresse l'interrogeait, c'était une compagnie fort peu gênante.

Tout en causant, la dame aux belles dents a dit plusieurs fois :

— Pourvû que mon mari pense à venir me chercher... il a dit qu'il viendrait, n'est-ce pas, Marguerite?

Marguerite répond :

— Oui, madame, monsieur a dit qu'il viendrait... à moins toutefois qu'il ne soit obligé de rester à Ville-d'Avray, où il allait ce soir!

— Mais que peut-il donc avoir à faire à la campagne à cette époque...

— Madame oublie que monsieur fait bâtir, qu'il a les ouvriers...

— Ah! c'est vrai... mais il y a déjà si longtemps qu'il a les ouvriers... il fait donc un château de notre maison... Je m'attends à ne plus la reconnaître, moi!...

Et cette dernière phrase est accompagnée d'un grand éclat de rire. Pendant ce temps, le chevalier a fait ces réflexions : C'est une dame mariée... fort bien... ces places-là ne sont pas non plus inattaquables, d'autant plus que le mari ne me semble pas devoir être jaloux, puisqu'il laisse sa femme aller au spectacle sans lui, et qu'il passe une partie de son temps à la campagne, sans elle.

Ces réflexions faites, M. de Mérillac n'a pas manqué de dire à cette dame qu'il serait heureux de lui servir de cavalier et de la reconduire jusqu'à sa porte, si son mari ne venait pas la chercher ; et la dame avait remercié en protestant qu'elle ne voudrait pas abuser de la complaisance de personne, mais cela d'une façon qui annonçait positivement que l'on ne refusait que pour la forme.

Et comme le mari n'était pas venu chercher sa femme à la sortie du spectacle, M. de Mérillac avait été agréé pour compagnon de route, il avait voulu mettre cette dame et sa suivante en voiture, mais la jolie femme avait déclaré qu'elle préférait aller à pied, parce que le temps était beau, et qu'après toute une soirée passée dans une atmosphère étouffante et malsaine, elle éprouvait un grand plaisir à respirer dehors en toute liberté.

On s'était donc mis en route, la dame acceptant le bras de Mérillac, la femme de compagnie marchant à côté de sa maîtresse, toujours en gardant un respectueux silence. Mais le chevalier, naturellement causeur, et qui d'ailleurs tient à se faire connaître, ne manque pas de dire à cette dame ce qu'il est, son nom, sa naissance, sa position avant la révolution, puis enfin son émigration et son retour en France.

La jolie dame paraît très-flattée d'avoir pour cavalier

un noble, un homme du grand monde, et dont le nom est précédé d'une particule. Elle s'empresse de répondre à sa confiance, en lui disant :

— Moi, monsieur, je ne suis qu'une simple roturière, et il en est de même de mon mari. Je suis née à Rouen, de modestes négociants, assez peu fortunés, et que la révolution n'a pas enrichis...

— Je leur en fais mon compliment, madame.

— C'est à Rouen que nous fîmes la connaissance de M. Roberval... c'est le nom de mon mari. Il demanda ma main à mes parents. M. Roberval était alors simple commis dans une maison de banque... mais je n'avais pas le droit d'espérer mieux. On nous maria ; nous restâmes encore une année à Rouen. Mais mon mari avait de l'ambition, il voulait s'enrichir, et comme il prétend qu'on ne peut faire fortune qu'à Paris, nous vînmes nous y fixer... ce qui, du reste, était fort de mon goût. M. Roberval avait quitté sa maison de banque, il se lança dans les affaires, il y fut fort heureux, à ce qu'il paraît, car depuis quelque temps notre position a entièrement changé. Nous sommes riches, ou tout au moins fort à notre aise, je dois le croire par le train que nous menons, car mon mari ne souffre jamais que je lui demande le plus petit renseignement sur l'état de ses affaires... il se contente de me répondre : Tu as tout ce que tu veux, n'est-ce pas? Eh bien, pare-toi, amuse-toi, reçois beaucoup de monde, invite toutes les personnes qui te plairont, et ne t'occupe pas du reste! Ma foi, monsieur, j'ai obéi à mon mari! Je reçois beaucoup de monde, je donne fréquemment des soirées où l'on joue la bouillotte et le reversi, les jeux à la mode, souvent aussi l'on danse et l'on fait de la musique, enfin je tâche de m'amuser le plus possible, et, en cela, vous voyez que je ne suis point blâmable, puisque je ne fais que suivre les ordres de mon mari.

Cette dernière phrase se termine naturellement par un grand éclat de rire. Mais, comme il fait nuit et qu'on est sur le boulevard, madame Roberval ne laisse pas ses dents exposées à l'air aussi longtemps qu'au spectacle.

Cette dame ayant annoncé qu'elle avait la permission de recevoir toutes les personnes qui lui plaisaient, M. de Mérillac avait demandé la faveur d'aller lui présenter ses hommages, faveur qui lui avait été accordée sur-le-champ et avec empressement, cette dame ayant répondu que son mari ne pourrait qu'être très-flatté de recevoir chez lui monsieur le chevalier de Mérillac.

A coup sûr, ce n'était pas pour faire connaissance avec M. Roberval que Mérillac désirait aller chez lui, mais tout galant qui veut faire la cour à madame, ne doit-il pas chercher aussi à se faire bien venir du mari? En toutes choses, il est rare d'avoir les bénéfices sans avoir les charges. Celle-ci n'est pas une des moins lourdes qui se rencontre dans le monde civilisé.

M. de Mérillac avait donc obtenu sans difficulté la permission d'aller faire sa cour à cette dame jolie, rieuse et potelée, qui avait fait sa conquête au théâtre de l'Ambigu-Comique; on doit bien penser qu'il n'avait pas manqué d'en profiter, après avoir eu, toutefois, le soin de demander à quelle heure on trouvait chez lui M. Roberval, auquel il voulait être présenté. Mais ceci n'était qu'une tactique habituelle de notre séducteur, qui s'informait toujours de l'heure à laquelle on trouvait le mari, afin de savoir celles pendant lesquelles il était absent : c'était pendant ces dernières qu'il allait voir les dames.

Plusieurs visites se sont succédées, et le chevalier s'est si bien arrangé qu'il n'a jamais rencontré M. Roberval chez lui ; en revanche, il a été fort bien reçu par madame ; est-il heureux dans ses amours? c'est ce que personne ne pouvait savoir ; seulement on pouvait remarquer que la dame aux belles dents n'avait pas trouvé mauvais que sa nouvelle connaissance ne vînt jamais qu'en l'absence de son mari.

Mais au bout de quelque temps, madame Roberval réfléchit qu'il pouvait être imprudent de garder pour elle seule l'honneur de recevoir un homme titré, et qu'il était temps de faire partager cet honneur à son époux ; elle prévint donc celui-ci qu'elle avait fait, au spectacle, la connaissance d'un *ci-devant*, c'était encore ainsi que l'on désignait l'ancienne noblesse, et que ce ci-devant avait accepté l'invitation qu'elle lui avait faite de venir à leurs soirées.

M. Roberval se montrait toujours satisfait de recevoir beaucoup de monde, il félicita madame sur cette invitation. Vous voyez que ce monsieur était un mari fort commode, mais il y en a toujours eu comme cela, avant, pendant et après la révolution.

M. de Mérillac se décida donc à se rendre chez celui qu'il regardait comme un *traitant*, nom que l'on donnait alors aux nouveaux enrichis, et à s'y rendre lorsqu'il était certain de le trouver chez lui. Le chevalier, qui aimait le monde, n'était point fâché de voir comment se composaient les salons de Paris depuis qu'il avait quitté cette ville.

La société était toujours nombreuse chez M. Roberval, il y avait là un mélange de tous les rangs et aussi de toutes les opinions, le royaliste pur sang y faisait un reversi avec le républicain, et les admirateurs du premier consul y jouaient la bouillotte avec les partisans du Directoire. Mais depuis que le règne de la terreur était passé, les Français se montraient avides d'amusements, de plaisirs, et la politique était bannie des réunions, ce qui permettait à celles-ci d'être gaies. Il y avait bien par-ci par là, dans tout ce monde, de nouveaux enrichis, qui, en changeant de toilette, n'avaient pu changer de langage, et assaisonnaient leurs discours de pataquès, mais on ne paraissait pas y faire attention, ou, si on les remarquait, c'était pour en rire, sans que celui qui en était l'auteur s'en formalisât le moins du monde.

Les toilettes étaient aussi variées que les personnages : on y voyait quelques habits de soie de l'ancien régime, et beaucoup de ces nouveaux habits courts de taille et longs de basques, adoptés par les muscadins ou incroyables de l'époque: puis la longue redingote, récemment arrivée d'Angleterre, avec les bottes à retroussis ; puis le pantalon collant et les bottes à la Souvaroff; puis l'ancienne culotte et le bas de soie, qui permettaient aux hommes bien bâtis de faire parade de leurs jambes, ce qui, dans un bal, était réellement beaucoup plus élégant que ces affreux pantalons larges, qui, de nos jours, descendent sur nos souliers ou sur nos bottines.

Les coiffures étaient tout aussi variées que les vêtements; on portait encore de la poudre, des queues, des ailes de pigeon; mais on se coiffait aussi sans poudre, avec les cheveux noués par derrière ou relevés avec un peigne; enfin on voyait déjà quelques têtes à la *Titus*.

Le chevalier était surtout curieux de connaître le maître du logis, il le voit arriver avec empressement au devant de lui.

M. Roberval est un homme de quarante ans, de taille moyenne, blond, maigre, mais assez bien tourné; sa figure est plutôt bien que mal et au premier abord doit vous plaire, car son air est aimable, sa bouche sourit presque toujours; quant à ses yeux, il est assez difficile de les juger sous les besicles qu'il porte constamment; autant qu'on peut le deviner, ils sont bleu clair et saillants.

Cependant, en observant plus attentivement ce monsieur, on trouve que son front fuit trop, tandis que, au contraire, son menton avance beaucoup, son nez est fort et parfaitement conformé pour porter des lunettes, sa bouche est mince, fine, mais se pince trop par moment, et le sourire qu'il adresse à ses interlocuteurs, étant toujours exactement le même, on peut supposer que l'air aimable que ce monsieur se donne est tout simplement une habitude qu'il a prise et que cela n'implique rien de ses véritables sentiments; d'une politesse presque obséquieuse avec tout le monde, M. Roberval paraît doué d'une extrême vivacité, il va et vient sans cesse, ne reste jamais en place ; il ne cause pas deux minutes avec vous sans regarder à chaque instant à droite et à gauche, et s'il voit quelques personnes qui ont l'air de parler bas, ne manque pas de s'approcher d'elles pour connaître le sujet de leur conversation.

Tel est M. Roberval qui a déjà adopté la coiffure à la Titus ; il témoigne à M. de Mérillac tout le plaisir qu'il éprouve à le recevoir, le prie de l'honorer de ses visites le plus souvent qu'il le pourra, et de regarder sa maison comme la sienne. Puis il termine son discours en tendant sa main au chevalier, qui n'a pas l'habitude de donner aussi promptement la sienne à des personnes qu'il voit pour la première fois, et éprouve presque de la répugnance à presser celle de ce monsieur ; cependant, il y a de ces choses auxquelles on ne peut pas se refuser, sous peine de paraître incivil, et puis le chevalier devait bien cette politesse au mari de cette jolie dame, avec laquelle il avait eu déjà plusieurs tête-à-tête ; il donne donc sa main à M. Roberval, qui la pressse fortement dans la sienne, tout en regardant à droite et à gauche dans son salon.

La présentation faite, Mérillac s'empresse d'aller offrir ses hommages à la maîtresse de la maison, qui lui dit à l'oreille :

— Eh bien, vous avez vu mon mari... vous plaît-il ?

— Certainement ! il me plaît bien assez pour un mari ! mais beaucoup moins que sa femme, cependant !

— Il a été aimable avec vous, n'est-ce pas ?

— Très-aimable! il m'a comblé! il m'a serré la main comme s'il me connaissait depuis quinze ans!

— C'est son habitude!

— Oh! je m'en suis bien douté... ce sont de ces effusions qui n'engagent à rien.

— Il vous a engagé à venir souvent, n'est-ce pas?

— Oui. Mais ce doit être aussi son habitude avec tout le monde? j'imagine?

— Oh! que vous êtes méchant! croire que l'on vous traite comme tout le monde!... c'est très-vilain cela... Voyons, mon mari ne vous plaît donc pas?

— Par exemple! je serais bien difficile...

— Monsieur de Mérillac, vous avez toujours l'air de vous moquer, même quand vous faites un compliment!

— Belle dame! c'est vous que je pourrais appeler méchante, en ce moment! pour me croire capable de me moquer de personnes dont je n'ai reçu que des politesses.

— Pardon, j'ai tort... je plaisantais... comment trouvez-vous notre société?

— Très-nombreuse!

— Oh! vous n'avez pas tout vu, il viendra encore du monde!

— Je vois que vous en recevez beaucoup.

— Plus nous en avons et plus mon mari est content. Trouvez-vous ces dames jolies?

— Il n'y a ici pour moi qu'une dame de jolie, et vous savez bien laquelle!...

— Prenez garde! je vais encore croire que vous vous moquez!... Ah! mon Dieu! voilà madame Ragoulot qui arrive... il faut que j'aille la recevoir... son mari est millionnaire, dit-on, vous concevez que cela mérite des égards! et puis cette dame est fort bien, fort distinguée... c'est une ci-devant, une baronne que monsieur Ragoulot a épousée!

— En vérité... mais, en effet, cette dame est très-bien. Eh oui, je la reconnais... je l'ai vue jadis dans le monde, c'est la fille du baron de Hautefutaie.

— Justement.

— Allez, belle dame, faire votre office de maîtresse de maison, moi, je vais me produire parmi vos nombreux invités!... j'irai plus tard saluer mademoiselle de Hautefutaie... non, je veux dire madame Ragoulot.

Le chevalier se promène dans les deux pièces où circulait la société. L'une était occupée par deux tables de reversi et une de bouillotte; à cette dernière on jouait assez gros jeu, il y avait surtout un monsieur très-coloré, le col enfoncé dans une immense cravatte, et dont la figure commune respirait cet orgueil des sots, qui croient que tout leur est permis parce qu'ils sont riches. Ce monsieur poussait de grands éclats de rire à chaque coup qu'il gagnait, et ne cessait de s'écrier : « *Je leur z'y ai gagné toute leur z'argent! j'ai t'une veine z'insolente!* »

Mérillac ne peut s'empêcher de sourire du langage de ce monsieur, quelques personnes en font autant que lui, mais les autres joueurs n'y font pas attention, ils paraissent habitués aux *cuirs* dont ce monsieur émaille sa conversation.

M. Roberval, qui va et vient toujours dans ses salons,

comme s'il avait du vif argent dans ses escarpins, vient de s'approcher du chevalier, et lui dit :

— Vous ne jouez pas, monsieur?

— Tout à l'heure je ferai un reversi...

— Vous n'aimez pas la bouillotte?

— Je ne l'aime pas beaucoup... En Angleterre nous jouions le *whist*... fort beau jeu!

— Je ne le connais pas. Ah! vous avez été en Angleterre?

— J'y ai passé plusieurs années.

M. Roberval semble réfléchir, il se gratte le front, fronce le coin de sa bouche, puis répond :

— Vous devez y avoir alors de nombreuses connaissances...

— Oh! assurément, j'étais reçu dans les premières maisons de Londres.

— Je compte aller faire un tour en Angleterre, incessamment, alors je prendrai la liberté de vous demander quelques lettres d'introduction... de recommandation...

— Très-volontiers, monsieur.

M. Roberval vient de s'envoler d'un autre côté et le chevalier se dit :

— Il est assez sans gêne, le cher monsieur, voilà la première fois qu'il me voit et il me demande déjà des lettres de recommandation... est-ce que je le connais... moi, ce monsieur? Est-ce que je sais ce qu'il fait?... je n'aime pas sa voix de fausset... on dirait que c'est une voix qu'il se fait pour la compagnie; sa femme est très-gentille, très-aimable, mais ce n'est pas une raison pour que je recommande son mari dans la haute société de Londres... je lui ai dit que je n'aimais pas la bouillotte... ah! mille diables! je l'adore, au contraire... mais ma bourse ne me permet plus d'y jouer... Allez donc vous frotter contre ce gros bœuf qui fait son tout à chaque instant et a, comme il le dit, une *veine z'insolente*! ah! le proverbe a raison : « L'eau va toujours à la rivière, » et au jeu, la fortune ne favorise jamais que ceux qui n'ont pas besoin d'elle... elle est bien femme! la fortune! Mais mademoiselle de Hautefutaie, jadis si fière de sa naissance... avoir épousé un parvenu... je n'en reviens pas...

Le chevalier venait de s'arrêter près d'une table de reversi. Deux messieurs, qui ne jouaient pas, causaient à quelques pas de lui, et assez haut pour qu'il pût entendre toute la conversation; dans une réunion où l'on ne connaît personne, ce que l'on a de mieux à faire est d'écouter ce qui se dit, et puis Mérillac était naturellement curieux; d'ailleurs, le nom du maître de la maison était fréquemment prononcé, et c'était une occasion pour lui de se renseigner un peu sur ce monsieur qui voulait être recommandé; il prête donc attention au dialogue suivant :

— Oui, il faut qu'il fasse de bonnes affaires pour mener le train de maison que je lui vois maintenant...

— Il agiote probablement, il fait des affaires au perron!

— Mon cher monsieur Rigoulot, vous savez aussi bien et même mieux que moi, que pour agioter il faut d'abord avoir quelque chose... moi, j'ai connu Roberval à Rouen, il était petit commis... il n'avait pas le sou...

— Mais puisqu'il est venu à Paris, c'est qu'il avait probablement amassé quelque chose...

— Non, il comptait d'abord y reprendre son premier état qu'il avait quitté à Rouen, je ne sais pas pourquoi car il avait beaucoup de talent...

— Quel état faisait-il donc?...

— Il était graveur !

— Graveur ! je ne savais pas!... mais il a fort bien fait de quitter cela, est-ce qu'on fait fortune à graver?...

— Quelquefois!

— Oh! ce n'est pas dans ce moment! Les affaires, mon cher ami, les affaires, il n'y a que cela pour s'enrichir... voyez, moi, j'ai acheté quelques biens nationaux... j'ai revendu depuis... j'ai gagné sur tout cela... et me voilà millionnaire, mon bon!...

— Oh! mais vous, monsieur Rigoulot, vous aviez quelque chose pour commencer...

— Moi... ma foi pas grand chose... mais j'ai joué à la roulette, j'ai été heureux... et une fois en veine, ça va tout seul...

— Au fait, c'est peut-être aussi à la roulette que Roberval s'est enrichi!...

— Au reste, il paraît qu'il fait des affaires avec l'Italie, il m a demandé une lettre de recommandation pour Turin, d'où je viens...

— Oui, il voyage souvent...

En ce moment, le monsieur aux pataquès apercevant M. Rigoulot à l'autre bout de la pièce, se met à lui crier d'une voix de stentor :

— Ohé Rigoulot! ohé aristocrate... viens donc faire *z'une bouillotte* avec nous... je suis *t'en veine*, voilà Duroquoy que je viens de décaver, viens donc t'y frotter z'un peu avec nous... que je te gagne tes gros écus de six livres, à la vache!... t'en as de trop, donne leur *z'y en un peu, z'à tes amis*!

Le millionnaire n'est pas insensible à cette flatterie, et il se dirige vers la table de bouillotte, en disant :

— Allons, il faut faire tout ce qu'il veut, ce Mouchenez!... ah! tu es en veine, eh bien, nous allons voir un peu à rabattre ton caquet!

— Ça *peut z'être*! *t'es t'un* homme solide, toi!... mais vois-tu, j'ai des *berlans* à tout coup! et contre les *berlans*, gnia point à *z'à lutter*.

M. de Mérillac s'éloigne de la bouillotte, parce que les phrases de M. Mouchenez lui déchirent les oreilles. Il passe dans l'autre salon, en réfléchissant à ce qu'il vient d'entendre touchant le maître de la maison, et cela ne lui donne pas encore grande envie de recommander ce monsieur.

Mérillac causait avec madame Roberval, quand le monsieur aux pataquès vient près d'eux, en s'écriant :

— Eh ben! me voilà! moi!... décavé *z'à* mon tour! Volé! ils m'ont tout pincé.

— Des voleurs! où cela? où donc y a-t-il des voleurs? s'écrie le maître de la maison, qui vient de passer, et s'est arrêté en entendant prononcer ces mots.

— Mais il y en a partout maintenant!... répond Mérillac, on n'entend parler que de gens arrêtés...

— Ah! dans les bois!... dans les bois...

— Eh bien, il est bon là, Roberval!... dans les bois... ne voudrait-il pas qu'il y *eût évu* des attaques de voleurs dans les salons!...

— Non, mais je croyais que vous parliez des chauffeurs... ils sont dans le Midi pour le moment, avec leur chef, le fameux *Schinderhane.*

— Voleurs, chauffeurs... tout ça ce sont toujours des *chouans*, et pas *t'autre* chose!...

— Des *chouans*! s'écrie Mérillac, avec l'accent de la colère, et de quel droit accusez-vous les chouans d'être des voleurs?

— De quel droit! tiens! est-ce qu'il y a besoin d'un droit pour dire ça?... Je le dis... parce que tout le monde le dit!...

— Non, monsieur, tout le monde ne peut avoir cette opinion, les chouans étaient des partisans de la cause royale, ils faisaient une guerre politique, et s'ils combattaient dans les bois et derrière les buissons, c'est qu'ils n'étaient pas assez nombreux pour s'organiser en troupes réglées, mais jamais ils n'ont attaqué le paisible voyageur...

— Ça peut *z'être*, après tout, j'y tiens pas!...

Et M. Mouchenez s'éloigne en murmurant :

— Je gage que c'en est un, celui-là, ou qu'il l'a *t'été*!...

M. Roberval était encore à côté du chevalier, lorsqu'un de ses invités l'aborde, en lui disant :

— Tenez, cher ami, vous m'avez demandé une lettre

de recommandation pour la Belgique, en voici une pour une des plus grosses maisons de commerce...

— Ah ! merci, merci ! s'empresse de répondre le maître du logis, qui paraît cependant contrarié qu'on lui ai apporté cela devant M. de Mérillac, et s'éloigne avec son nouvel interlocuteur.

Quant au chevalier, il s'esquive de chez M. Roberval, en se disant :

— Drôle de réunion, drôle de monde ! drôle de maître de maison !.... mais trop de lettres de recommandation !... il en abuse, ce monsieur !

X

CONFIDENCE MAL REÇUE

Quand une femme a fait une faute, quand elle a tout accordé à son amant, les rôles changent : celui qui suppliait, promet ; celle qui refusait, demande.

Francisque ayant une fois passé la nuit chez Florentine, celle-ci n'avait plus aucun motif pour lui refuser de le recevoir dans sa chambre, bien au contraire, c'était elle maintenant qui l'attendait, qui le désirait, qui s'attristait quand il ne venait pas. Car, depuis qu'il pouvait voir chez elle la jolie marchande, le jeune homme ne venait plus que bien rarement lui parler sur le boulevard ; lorsqu'elle s'en plaignait, lorsqu'elle demandait à son amant pourquoi, dans la journée ou dans la soirée, il ne venait plus causer un peu avec elle, il ne manquait pas de lui répondre que c'était dans l'intérêt de sa réputation qu'il agissait ainsi, et pour qu'on ne devinât pas l'intimité qui existait entre eux.

Florentine lui répondait :

— Que m'importe à présent ce que l'on pensera de moi, je vous ai tout sacrifié, mon ami, et pourvu que vous ne cessiez pas de m'aimer, tout le reste m'est indifférent.

— Et moi ! je ne veux pas que l'on pense mal de vous, répondait le jeune homme. Je veux qu'on vous respecte, qu'on vous croie sage, car si on vous savait un amant, mille autres hommes tenteraient de me supplanter, de vous plaire, parce qu'en général, en amour, on se dit qu'il n'y a que le premier pas qui coûte, et que, lorsque celui-là est franchi, les autres se font très-facilement.

Il y avait cependant quelqu'un devant qui la jolie marchande aurait eu honte de sa faiblesse, quelqu'un qu'elle n'osait plus regarder comme jadis, parce qu'elle craignait qu'il ne lût sa faute dans ses yeux Lorsque M. de Germancey venait causer avec celle qu'il appellait toujours : son enfant, Florentine se sentait rougir, elle devenait timide, embarrassée, elle n'avait plus avec lui sa franchise, sa gaieté d'autrefois. Elle évitait avec soin de parler de ses amours, et lorsque M. de Germancey lui adressait quelques questions à ce sujet, elle répondait vaguement et s'empressait de changer la conversation.

Mais M. de Germancey avait trop de tact, trop de connaissance du cœur humain, pour ne point lire bien vite dans celui d'une jeune fille. S'apercevant que Florentine ne voulait ou n'osait plus lui accorder toute sa confiance, il était trop discret pour vouloir lui arracher un secret facile à deviner ; il avait donc peu à peu cessé de lui demander où en étaient ses amours, et il venait moins souvent causer avec Florentine, non qu'il eût pour elle moins d'amitié, mais parce que l'on doute de celle qui ne nous montre plus une confiance entière.

Pauvre enfant! se disait M. de Germancey, lorsqu'il avait vu sur le front de la jeune fille la tristesse et les soucis. Je ne sais quoi me dit qu'elle a mal placé ses affections !... J'ai promis à sa mère que je veillerai sur elle... ce serment que j'ai fait à madame Bernard, je ne le tiens pas, en laissant Florentine s'abandonner à une passion qui peut faire son malheur... si du moins, je connaissais celui qu'elle aime, si je l'avais vu... Ah ! je l'aurais bien forcé à me parler avec franchise.

Ces réflexions revenaient si souvent à l'esprit de M. de Germancey, qu'un jour, il va trouver celle qui les lui suggère, et la voyant l'air plus abattu que de coutume, lui dit :

— Ma chère enfant, vous allez me trouver indiscret, peut-être... mais vous n'avez plus votre gaieté, votre sérénité d'autrefois, et votre santé semble se ressentir de ce changement de votre humeur..... Oh ! pardonnez-moi de vous dire cela... j'ai hésité longtemps... car je vois bien que je ne possède plus votre confiance... ce n'est point un reproche que je vous adresse... la confiance ne se commande pas... mais je croirais manquer au serment que j'ai fait à votre bonne mère, si je ne cherchais pas à vous voir heureuse.

Florentine n'a pu entendre ces paroles sans que son front ne se couvre d'une vive rougeur, elle baisse les yeux, en balbutiant :

— Je vous assure, monsieur, que je n'ai point de chagrins. . point de peines à vous confier...

— C'est-à-dire que vous ne voulez plus me les confier !... que vous ne me regardez plus comme votre meilleur ami !...

— Oh ! monsieur... ne croyez pas cela... vous si bon... si indulgent pour moi !...

— Tenez, ma chère Florentine, évitons tous ces détours inutiles ! Je vais aller au but avec franchise... vous aimez quelqu'un... vous me l'avez avoué... et, à votre âge, l'amour, c'est la vie ; c'est le bonheur ou les larmes! Eh bien, depuis plusieurs mois, pourquoi ne me parlez-vous plus de celui qui a su toucher votre cœur... vous a-t-il abandonnée, trahie... est-il devenu infidèle... ou quelque événement le sépare-t-il de vous... convenez que votre silence à ce sujet n'est pas naturel, et que je puis à juste titre en être étonné ?

— Oui... oui... vous avez raison, monsieur, murmure Florentine toute confuse. J'aurais dû vous dire... mais que vous aurais-je appris de nouveau... J'aime Francisque... et je n'ai aucune raison pour douter de la sincérité de son amour...

Une légère expression de mécontentement se laisse voir

sur la physionomie du comte, qui reprend au bout d'un moment :

— Alors, vous voyez toujours ce jeune homme ?...

— Oui, monsieur.

— Je ne l'aperçois cependant jamais près de vous, quand je me promène sur ces boulevards...

— C'est que... c'est plutôt le soir... un peu tard... que Francisque vient me parler...

— Ma chère Florentine, ne croyez pas que ce soit une vaine curiosité qui me guide... je vous avais priée de me faire trouver avec celui que vous aimez... si je désire connaître ce jeune homme, c'est que je veux m'assurer s'il est digne de votre amour... vous allez me répondre qu'il est un peu tard pour faire cette épreuve, et que vous ne reprendrez pas cet amour que vous lui avez donné... Moi, je vous répondrai qu'il est toujours bon de savoir à qui l'on confie son bonheur... et que, d'ailleurs, mes conseils, mes sages avis, ne peuvent être mal reçus de celui que vous aimez, si, en effet, ses intentions sont honnêtes.

— Oh ! vous avez raison, monsieur, oui, vos conseils doivent toujours être bons... pardonnez-moi de les avoir oubliés depuis quelque temps... de n'avoir pas dit à Francisque, que mon protecteur, mon respectable ami désirait le voir...

— Je vous pardonne, chère enfant, mais si cela ne vous contrarie point que je connaisse... M. Francisque...

— Bien au contraire, monsieur, cela me fera plaisir !...

— Eh bien... c'est aujourd'hui lundi... samedi prochain, sur les huit heures du soir, je viendrai me promener sur le boulevard et vous dire bonsoir, d'ici là, vous verrez, je pense, votre amoureux ?

— Oh ! je l'espère bien, monsieur !

— Alors, vous le prierez de venir aussi vous dire bonsoir samedi, à l'heure que je vous ai indiquée ; de cette façon, je me trouverai avec ce jeune homme. Qu'en dites-vous, cela vous convient-il ainsi ?

— Oui, monsieur, oh ! je ne demande pas mieux... comme cela, vous verrez Francisque, et vous me direz ce que vous pensez de lui, monsieur ?

— J'espère, ma chère amie, que je n'aurai que du bien à vous en dire. Ainsi voilà qui est convenu... à samedi... sur les huit heures...

— Oui, monsieur... à samedi.

M. de Germancey s'est éloigné. Florentine désire réellement que son protecteur puisse voir son amant, et lui dise quelle opinion il a de lui. Déjà la jeune fille n'éprouve plus une confiance aussi entière en celui que son cœur a choisi, parce que déjà la conduite de son amant n'est plus la même avec elle.

Dans les premiers jours, ou plutôt les premières nuits qui ont suivi celle où elle lui a tout accordé, son amant lui a montré l'amour le plus ardent, la passion la plus vive ; pendant un mois entier, il n'a pas manqué une seule fois de se rendre près d'elle.

Mais au bout de quelques mois, ce grand feu s'était calmé. De fréquents intervalles s'étaient écoulés entre les visites que recevait Florentine ; son amant n avait pas manqué de raisons à donner pour motif de ce changement dans sa conduite, puis le caractère de ce jeune homme était tellement fantasque, tellement bizarre, que, malgré son amour, Florentine, en avait été elle-même alarmée. Tantôt d'une humeur joyeuse, qui se moquait de tout et ne concevait aucun obstacle à ses désirs, mais plus souvent sombre, inquiet, silencieux, l'amant de la jeune fille restait parfois près d'elle des heures entières plongé dans ses réflexions. Lorsque Florentine, surprise de l'inégalité de son humeur, lui demandait ce qui pouvait le préoccuper ainsi, il répondait assez brusquement que cela ne regardait que lui.

C'était tantôt sous un costume, tantôt sous un autre, que Florentine voyait vers minuit arriver son amant ; il était fort rare que deux fois de suite il vînt chez elle habillé de même, et quelquefois le changement était si grand, non-seulement dans la mise, mais encore dans la coiffure, l'arrangement des cheveux, leur couleur, et l'expression de la physionomie, que la jeune fille restait stupéfaite, indécise, ne sachant pas si elle devait ouvrir sa porte à celui qui se présentait.

Jamais Francisque n'était plus content que lorsque sa maîtresse ne l'avait pas reconnu ; et quand elle lui demandait le motif qui lui faisait se changer ainsi, au point de se rendre méconnaissable, il se contentait de rire en répondant :

— Cela m'amuse, je veux te prouver qu'il n'y a pas que les acteurs qui sachent changer leur physionomie.

Dans les premiers temps de leur intimité, Francisque

avait apporté à sa maîtresse une bourse pleine d'or, en lui disant :

— Prends ceci et achète-toi tout ce que tu désireras, soit en robes, dentelles ou bijoux ! Je veux que tu puisses satisfaire tes moindres fantaisies, je veux que tu ne te prives de rien !...

Mais Florentine avait refusé la bourse, en répondant à son amant :

— Je me suis donnée à vous par amour... gardez votre or !... Quand je serai votre femme... mais alors seulement, j'accepterai tout ce que vous me donnerez, car alors votre fortune sera la mienne, et tout sera commun entre nous ! Mais jusque-là, je ne veux rien... rien que votre amour... si vous tenez beaucoup à me voir élégante, parée, comme ces dames qui vont dans le monde, eh bien, mon ami, hâtez le jour de notre union, car ce jour-là, je tâcherai de me faire aussi belle que vous le désirerez.

Francisque n'avait point insisté, et, tout en ne faisant que des réponses vagues à ce que Florentine lui disait relativement à leur union, pour laquelle il trouvait toujours quelques obstacles qui en reculaient le moment, il avait remis son or dans sa poche, mais, deux jours après, il passait au doigt de sa maîtresse une fort belle bague, ou, sur un fond d'émail, des diamants, mariés à des rubis, formaient une charmante couronne ; et, comme la jeune fille prétendait que ce bijou était trop beau pour elle, il s'était écrié :

— Il n'y a rien de trop beau pour la femme que j'aime,

et j'espère que vous ne refuserez pas ceci, qui est un gage de mon amour.

En refusant encore, Florentine sentait qu'elle aurait fâché son amant; elle avait donc accepté la bague, mais comme elle trouvait qu'un aussi riche bijou aurait paru ridicule au doigt d'une marchande d'oranges, elle ne le portait jamais lorsqu'elle était sur le boulevard à son étalage, et attendait, pour remettre sa bague, le moment où son amant avait coutume de venir chez elle.

Après sa conversation avec M. de Germancey, Florentine est bien décidée à lui faire connaître celui auquel elle a confié son bonheur; la conduite, l'humeur de son amant deviennent de jour en jour plus bizarres; les obstacles qu'il trouve sans cesse à opposer à leur union commencent à l'inquiéter.

Mais ce qui tourmente surtout Florentine, c'est que les visites de Francisque deviennent plus rares, et, ce qui n'était point encore arrivé, cinq jours se sont écoulés sans qu'elle l'ait aperçu, lorsque M. de Germancey lui a indiqué un rendez-vous pour se trouver avec lui.

— Francisque viendra-t-il ce soir? se dit Florentine, lorsque le comte l'a quittée, et pourrai-je lui dire de se rendre samedi ici?... je ne lui ai pas encore parlé de M. de Germancey... Quand Francisque est près de moi, il m'est impossible de penser à autre chose qu'à mon amour... cet homme exerce sur moi un empire extraordinaire... je l'aime! et pourtant quelquefois il me semble que c'est de la terreur qu'il m'inspire!

La jolie marchande a hâte de voir finir la soirée pour rentrer chez elle, et y attendre son amant.

Mais c'est en vain que Florentine a veillé jusqu'à trois heures du matin, dans l'espoir de le voir arriver. La nuit s'écoule et Francisque ne paraît pas. L'imagination de la jeune fille enfante aussitôt mille accidents, mille malheurs qui peuvent être arrivés à son amant ; ce qui augmente sa peine, c'est qu'elle ne saurait où s'adresser, où aller pour obtenir sur lui quelques renseignements; il a toujours refusé de lui dire sa demeure, sous prétexte qu'il ne se regardait plus maintenant chez lui que lorsqu'il était chez elle, et que, pour lui indiquer son logement, il voulait attendre qu'il en eût un digne de la recevoir.

Enfin, la nuit suivante, sur les deux heures du matin, Francisque frappe à la porte de Florentine ; il est vêtu d'une blouse, d'un pantalon à guêtres, et coiffé d'une casquette.

— Enfin, vous voilà ! s'écrie Florentine, en prenant son amant dans ses bras. Ah ! mon ami, j'étais bien inquiète... il y a sept jours que je ne vous ai vu !...

— Oui... je le sais...

— Vous avez été malade, sans doute...

— Oui... un peu...

— Voyez-vous que c'est bien mal à vous de ne point vouloir me dire où vous logez... vous m'auriez envoyé un mot, j'aurais couru près de vous... je vous aurais soigné, gardé... est-ce que cela n'eût pas été plus agréable pour vous que d'avoir recours à des étrangers ?

Un sourire amer se dessine sur les lèvres du jeune homme, qui répond :

— Ne pensons plus à tout cela... je suis guéri...

— Mais est-ce que cela ne vous ennuyait pas d'être si longtemps sans me voir ?

— Si fait ! si fait !... mais je vous vois maintenant !

— Mais si j'avais connu votre demeure, nous n'aurions pas été si longtemps séparés... aussi, je veux que vous me la disiez ce soir...

Le jeune homme frappe du pied avec impatience, en s'écriant :

— Quand les femmes ont quelque chose dans la tête, le diable ne parviendrait pas à le leur ôter !... Il n'y a pas de mules pareilles pour l'entêtement.

Florentine reste toute saisie, elle se tait; puis, attribuant l'humeur de son amant à sa maladie, elle se hâte de lui servir à souper, tout en disant :

— Pardonnez-moi, mon ami, j'ai tort, puisque je vous contrarie... mangerez-vous un peu?

— Oui.. si vous me tenez compagnie.

— Oh! oui... je suis si heureuse à présent... je me figurais que vous ne m'aimiez plus, Francisque?

— Voilà bien les femmes... tout de suite on ne les aime plus... comme si un homme ne pouvait pas avoir d'autres choses à penser qu'à l'amour!

L'amant de Florentine s'est assis devant une table sur laquelle elle a placé un souper modeste, mais suffisant; ce monsieur mange peu, en revanche, il boit beaucoup. La jeune fille, qui veut essayer de lui rendre sa bonne humeur, lui dit en souriant :

— Quel singulier costume vous avez ce soir, mon ami, vous qui étiez si élégant la dernière fois que vous êtes venu ! Aujourd'hui, vous avez donc voulu vous déguiser en charretier ?

— Eh bien... pourquoi pas?... je vous ai dit que j'aimais à me changer... est-ce que cela vous déplait de me voir vêtu ainsi?

— Oh ! mon ami, de quelque façon que vous soyez mis !... que m'importe à moi !... Je ne suis pas de ces femmes qui se laissent séduire par de beaux habits !... Cependant, j'avoue que je serais bien aise que vous soyez mis autrement quand je vous présenterai... à quelqu'un qui désire beaucoup vous connaître...

Le front du jeune homme se rembrunit, il jette sur sa maîtresse un regard singulier, en murmurant :

— Comment?... Que voulez-vous dire ?... Vous voulez me faire connaître à quelqu'un !...Je ne vous comprends pas !...

— Je vais m'expliquer mieux. Depuis que je vous connais, je ne vous ai pas encore parlé d'un monsieur fort respectable, fort comme il faut, qui a pour moi beaucoup d'amitié... et qui a juré à ma mère mourante de toujours veiller sur moi... plusieurs fois je m'étais promis de vous parler de mon protecteur... mais quand je suis avec vous, je ne sais pas comment cela se fait... j'oublie toute chose pour ne vous parler que de mon amour !...

— Enfin ce monsieur... ce protecteur... dont j'entends

parler pour la première fois... vous lui avez donc confié que vous aimiez quelqu'un?

— Sans doute... il le fallait bien... d'ailleurs il l'avait déjà deviné... et puis je n'avais aucun motif pour mentir!

Francisque se lève, marche dans la chambre, en s'écriant d'un air d'humeur :

— Que les femmes sont bavardes, aller conter ses affaires à tout le monde... je vous déclare, ma chère, que je n'aime pas les protecteurs, que je n'y crois pas! Ce n'est jamais sans un but secret qu'un homme protége une jolie fille!... on sait bien ce que cela veut dire!...

— Ah! Francisque!... c'est mal ce que vous dites là!... jamais ce monsieur ne m'a témoigné que l'intérêt qu'un père prendrait à sa fille...

— Alors, cet homme si respectable! si comme il faut!... a sans doute eut des rapports tres-intimes avec votre mère... et voilà pourquoi....

Florentine relève la tête, son regard exprime l'indignation et elle s'écrie d'une voix frémissante de colère :

— Monsieur! n'insultez pas ma mère!... je ne le souffrirais pas!... ou sinon, jamais cette porte ne se rouvrira pour vous!...

Le jeune homme demeure tout surpris, il considère la physionomie, les regards plein de feu de Florentine, il semble les admirer, puis répond :

— Tiens!... tiens!... mais vous êtes superbe ainsi... vous avez eu un très-beau mouvement! Allons ne nous fâchons pas, ma chère, je ne soufflerai plus mot sur votre mère... mais que diable aussi me parlez-vous de ce monsieur... auquel elle a fait promettre de vous protéger... à propos de quoi?

— J'allais vous l'expliquer quand vous m'avez interrompue. Ce monsieur pouvait bien promettre à ma mère de veiller sur moi, car elle lui avait sauvé la vie!

— Votre mère avait sauvé la vie à cet homme... et dans quelle circonstance?

— A l'époque de la Terreur, en quatre-vingt-treize, ce monsieur qui est noble, avait été dénoncé comme suspect, il était proscrit, et un jour, dans la rue, il avait été reconnu; on était sur le point de l'arrêter, lorsqu'il eut l'heureuse idée d'entrer dans la boutique de ma mère... elle le déguisa en charbonnier, et pendant quelque temps le cacha dans une soupente jusqu'à ce qu'il pût sans danger sortir de Paris .. Vous devez bien penser que ce sont de ces services que l'on n'oublie pas...

Francisque a écouté sa maîtresse avec attention, à mesure qu'elle parlait son front est devenu plus sombre, et lorsqu'elle a fini, il balbutie :

— Et le nom de ce monsieur... vous ne m'avez pas dit son nom?

— C'est le comte de Germancey.

La figure du jeune homme devient livide. Il baisse ses regards vers la terre et passe une main sur son front, en répétant :

— Le comte de Germancey... sauvé par votre mère... singulier hasard!

— Ah! c'est un homme qui a éprouvé de bien grands

malheurs ! si vous saviez, mon ami, tout ce qui lui est arrivé... oh ! cela vous intéressera j'en suis sûre, et je vais vous en faire le récit...

— Non, non, c'est inutile ! s'écrie Francisque en marchand à grands pas dans la chambre. Ces histoires de la Révolution sont toutes les mêmes,.. j'en ai assez entendu... je vous dispense de me narrer celle-ci !...

— Mais vous voudrez bien que je vous présente au comte... n'est-ce pas, mon ami?...

— Moi ! être présenté au comte de Germancey ! répond le jeune homme en laissant errer sur ses lèvres un sourire farouche. Et à quel propos ! à quel titre ! est-ce que j'en ai besoin, moi, de votre comte !... Écoutez, Florentine, non-seulement je ne veux pas voir ce monsieur, mais je veux, j'exige que vous cessiez toutes relations avec lui !...

— Cesser de voir mon protecteur, y pensez-vous... et pour quel motif me faites-vous cette défense?

— Je vous répète que je n'aime pas les protecteurs, que je ne crois pas au désintéressement d'un homme qui veut surveiller, protéger une jolie femme... enfin que je ne veux pas que vous ayez d'autre protecteur que moi... il me semble que cela doit vous suffire... Par conséquent, choisissez entre cet homme et moi... si vous continuez à le voir... à lui parler... vous ne me verrez plus !

— Oh ! mon Dieu ! mais que vous a donc fait ce monsieur... vous semblez le haïr, et pourtant vous ne le connaissez pas... mon ami, si vous le connaissiez, je suis persuadée... que vous reviendriez de vos injustes préventions...

— Assez, vous dis-je... encore une fois le comte et moi nous ne devons jamais nous trouver ensemble, et à l'avenir plus un mot sur moi... je n'aime pas les bavardes, je vous en averti !

En disant ces mots, le jeune homme s'élance vers la porte.

— Comment... vous partez ? s'écrie Florentine.

— Oui, j'ai affaire cette nuit...

— Affaire à cette heure...

— On a affaire à toute heure...

— Et quand reviendrez-vous ?

— Je ne sais... le plus tôt que je pourrai.

— Après sept jours d'absence ! me quitter ainsi !...

— Rappellez-vous ce que je vous ai dit au sujet de ce M. de Germancey... que je ne le trouve jamais près de vous... sinon ! tout est fini entre nous...

— Mais, de grâce...

— Adieu ! adieu.

Le jeune homme est sorti brusquement, et Florentine, bouleversée par la conduite de son amant, se laisse tomber sur une chaise ; mais elle ne pleure pas, car elle se rappelle qu'il a insulté sa mère.

XI

LES SUITES NATURELLES

Le samedi indiqué par M. de Germancey à la jolie marchande, le comte a été exact, et sur les huit heures du soir il se rend sur le boulevard du Temple. Il trouve Florenline plus pâle, plus triste encore qu'auparavant; c'est que depuis cette nuit, où elle avait eu une altercation si singulière avec son amant, celui-ci n'était pas revenu chez elle.

En apercevant M. de Germancey, Florentine sent son cœur se gonfler; elle se rappelle les injustes soupçons que n'a pas craint de manifester son amant, la défense qu'il lui a faite de causer avec son protecteur, mais elle a trop de bon sens pour ne point comprendre le cas qu'elle doit faire de cette défense, et les dernières recommandations de sa mère lui sont plus sacrées que tout le reste. Seulement il faudra bien mentir au comte, car elle ne peut pas lui dire :

— Celui à qui j'ai confié mon bonheur ne veut pas vous voir, il me défend même de vous parler comme autrefois.

— Eh bien, dit M. de Germancey en souriant à Florentine, allons-nous le voir, ce M. Francisque? va-t-il venir vous dire bonsoir?

— Non, monsieur, répond la jeune fille en rougissant et détournant les yeux. Il ne viendra pas... car il est parti pour un voyage..., qui sera long peut-être... et je ne sais pas au juste quand il reviendra.

Le comte avait trop de discernement pour ne point deviner la vérité : « Ce jeune homme ne veut pas que je le connaisse, se dit-il, j'en suis fâché pour Florentine, car cela ne me donne pas une idée avantageuse de ce monsieur! »

Mais, dissimulant sa véritable pensée, il se contente de répondre à la jeune fille :

— Allons, mon enfant, puisque les évènements s'opposent à la réalisation de mon désir, nous attendrons pour voir ce jeune homme qu'il ait terminé ses voyages... et je ne vous entretiendrai plus d'un sujet qui, je le vois, ne vous cause que des ennuis...

M. de Germancey s'empresse alors de changer la conversation. Puis, au bout de quelque temps, il quitte Florentine ; car, bien qu'il affecte une parfaite indifférence pour le mystère dont s'enveloppe son amant, son cœur n'en est pas moins froissé du peu de confiance que lui accorde maintenant Florentine, et il s'éloigne d'elle bien décidé à ne pas revenir de quelque temps lui demander où en sont ses amours.

En effet, plusieurs semaines s'écoulent et M. de Germancey n'a pas reparu sur le boulevard du Temple. En revanche, Florentine a revu le mystérieux Francisque, mais les visites de celui-ci sont maintenant fort rares, et chaque fois qu'il aborde sa maîtresse, c'est d'un air sombre, farouche, et toujours en lui demandant si elle a revu son protecteur; la jeune fille lui jure en vain que M. de Germancey ne vient plus depuis longtemps causer avec elle ; il semble ne point la croire, il revient sans cesse sur ce sujet, il veut qu'elle lui apprenne ce que fait, ce que devient le comte.

— Comment voulez-vous que je le sache, lui répond Florentine, puisque je vous répète que, fâché sans doute de votre manque d'égard pour le désir qu'il avait de vous voir, M. de Germancey n'est plus revenu me parler.

Alors le jeune homme demeure silencieux, rêveur. Depuis la nuit où Florentine lui a parlé de M. de Germancey, il ne la regarde plus comme autrefois; le feu sombre qui brille dans ses yeux, ne ressemble plus à cette expression avec laquelle un amant regarde la femme qu'il aime.

Un de ces événements, faciles à prévoir, devait amener un changement dans la position de Florentine : la jeune fille s'aperçoit qu'elle porte dans son sein un résultat de sa faiblesse. Cette découverte loin de lui causer de l'inquiétude, fait délicieusement battre son cœur; l'idée de deveni mère, de se voir revivre dans son enfant, lui fait envisager l'avenir sous les couleurs les plus séduisantes; mais en même temps le désir de pouvoir donner un nom à son enfant est aussi la pensée qui s'empare de son esprit.

Florentine attendait avec impatience l'arrivée de son amant pour lui faire part de cette découverte; mais depuis quelque temps, les visites de celui qu'elle ne voyait plus que la nuit, devenaient rares. Enfin sur les minuit, le jeune homme se présente dans le costume d'un riche bourgeois, et cette fois, sa physionomie exprime le contentement, la joie brille dans ses yeux.

— Avec quelle impatience je vous attendais, mon ami, dit Florentine, qui remarque avec plaisir que les traits de son amant n'ont point cette expression sombre et inquiète qu'elle leur voit souvent.

— Ah! ma chère, on n'est pas toujours maître de son temps! répond le jeune homme en se jetant sur un siége. Puis sortant de sa poche plusieurs paquets qu'il pose sur une table. « Tenez, voilà des provisions que j'ai apportées pour souper... je veux ce soir que nous fassions un repas délicat...

— Mon Dieu que de choses!... une volaille froide... des conserves de fruit... du poisson mariné... mais tout cela doit coûter bien cher, mon ami!

— Que vous importe... probablement j'ai le moyen de le payer... Tenez, voici de plus un flacon de vin de Constance... Oh! c'est un vin précieux... et dont tout le monde ne peut pas boire... cette petite fiole vaut trente francs!...

— Trente francs... mettre tant d'argent que cela à un flacon de vin... quelle folie!... vous êtes donc bien riche, mon ami?

— Je crois vous avoir déjà dit, Florentine, que je n'aime pas qu'une femme s'occupe de mes affaires... qu'il vous suffise de savoir que je viens de terminer une... opération commerciale... qui m'a donné de fort beaux bénéfices...

— Ah! vous faites donc du commerce, mon ami?

— Je fais... un peu de tout... mais c'est assez sur ce sujet, soupons.

— Je suis bien aise de vous voir, aujourd'hui, l'air si satisfait... vous le serez encore plus tout à l'heure, car moi aussi, j'ai quelque chose à vous apprendre... et quelque chose qui vous fera grand plaisir, je l'espère du moins.

La figure du jeune se rembrunit, il redoutait toujours les surprises que sa maîtresse voulait lui faire, aussi s'écrie-t-il d'un ton bourru :

— Vous avez quelque chose à m'apprendre... qu'est-ce que c'est? voyons parlez, expliquez-vous... il ne s'agit pas de votre comte de Germancey, j'espère!

— Non sans doute... mon Dieu! voilà déjà que vous prenez votre air sévère!... quand je vous dis que c'est quelque chose qui doit vous être agréable...

— Oh c'est que je me défie, moi, de tout ce qui m'est inconnu ! Eh bien, voyons, parlez, expliquez-vous.

La jeune fille baisse les yeux et rougit en balbutiant :

— Eh bien, Francisque, ne serez-vous pas heureux de savoir que je porte dans mon sein un gage de notre amour ?

— Un enfant !... ah ! ce n'est que cela !

Et le jeune homme se verse un verre de constance qu'il avale d'un trait.

— Que cela !... que cela !... répète Florentine, mon Dieu ! c'est ainsi que vous apprenez cette nouvelle... que cela ! quand il s'agit d'un petit être auquel nous devons toute notre tendresse... tous nos soins... ah ! je croyais que vous seriez heureux autant que moi.

Et des larmes s'échappent des yeux de la jeune fille, qui baisse tristement la tête sur la poitrine. Son amant lui prend la main :

— Et bien la voilà qui pleure maintenant... Comme les femmes passent facilement d'un sentiment à un autre... C'est une remarque que j'ai faite souvent ! Allons ! ne grondez pas ! vous êtes enceinte, tant mieux, surtout si vous avez un garçon... J'aime mieux les garçons que les filles... et puis, celui-là, je le formerai, j'en ferai quelque chose.

— Garçon ou fille, ce sera notre enfant.., il aura tout mon amour..., mais avant qu'il ne vienne au monde, il me semble, mon ami, qu'il faut lui donner un nom... enfin ne me comprenez-vous pas, Francisque, vous m'avez promis de me nommer votre femme... Cette promesse, je l'ai regardée comme sacrée! Cependant je ne sais pourquoi lorsque je vous la rappelle, vous trouvez sans cesse des prétextes pour différer notre union; mais aujourd'hui il ne peut plus y en avoir... Aujourd'hui la mère a le droit d'exiger de vous l'accomplissement du serment fait à la jeune fille... et vous ne pouvez plus vous y refuser... C'est bien assez que j'aie une faute à me reprocher... je ne veux pas qu'elle tache l'avenir de mon enfant!

Florentine a dit ces dernières paroles avec une fermeté qui annonce une résolution bien décidée. Son amant fronce ses épais sourcils et hausse légèrement les épaules, en murmurant :

— Ah! voilà les grands mots qui arrivent!... Eh mon Dieu, ne pouvez-vous pas me laisser souper tranquillement sans avoir sans cesse quelques jérémiades dans la bouche!... Décidement les femmes ne sont pas toujours amusantes..., il est bien rare que par leur humeur elles ne gâtent point le plaisir que nous nous étions promis!...

— C'est ainsi que vous me répondez quand je vous parle de notre enfant! s'écrie Florentine avec des larmes dans la voix. Vous me reprochez de m'occuper de l'avenir de cette innocente créature!...

— Eh, mon Dieu! elle n'est pas encore venue au monde, cette innocente créature, et nous avons bien le temps d'y penser!...

— Mais il ne faut pas attendre que cet enfant ait vu le

jour pour régulariser notre position... Francisque... de grâce... répondez-moi...

Mais depuis quelques instants le jeune homme prêtait une oreille attentive à un bruit qui venait de la rue. C'était un sifflement singulier, qui, recommençait après un très-court intervalle. Ce sifflement semble produire un effet magique sur lui, il l'écoute avec une vive émotion, puis bientôt se levant, il s'approche de la fenêtre, l'ouvre et mettant deux doigts dans sa bouche, fait entendre à son tour un coup de sifflet absolument semblable à ceux qui l'ont frappé.

— Que faites-vous donc? dit Florentine, et pourquoi répondez-vous à ce signal qu'on semble donner à quelqu'un?

— Parce que je reconnais cette manière de siffler... il n'y a qu'un de mes amis qui sache l'employer..., donc, c'est pour moi qu'il a sifflé... parce que probablement il a quelque chose à me dire de pressé.

— Quelque chose à vous dire, au milieu de la nuit... il savait donc que vous étiez chez moi?

— Apparemment; oui, oui, ce doit être La Grenouille.

— La Grenouille! quel nom singulier.

— C'est un petit sobriquet que j'ai donné à mon ami parce qu'il n'est pas beau, mais tenez... on monte l'escalier... vous voyez bien que je ne me suis pas trompé.

En effet on frappait à la porte de petits coups vivement répétés. L'amant de Florentine court ouvrir et un individu en blouse, coifié d'une casquette et porteur de ces affreuses figures qu'on n'oublie pas quand on les a vues une fois, passe sa tête dans la chambre, en disant d'une voix enrouée :

— Tu es là, vieux ?

— Sans doute ! qu'y a-t-il donc ?

— Oh ! il y a du grabuge... peut-on jaspiner ici ?

— Non... tais-toi ! tais-toi ! viens dehors...

— C'est que j'aurais bien avalé du liquide... J'ai la gorge à sec d'avoir tant sifflé... et à l'heure qu'il est tous les Tortoni du quartier tapent de l'œil.

Tu boiras plus tard... marche donc, La Grenouille... marche donc !

En disant cela, le jeune homme repoussait dehors celui qui venait de se montrer, et qui essayait d'entrer dans la chambre, parce que la vue du souper et des bouteilles était un aimant qui l'attirait toujours. Mais il a été forcé de faire retraite sur le carré. L'amant de Florentine l'y a suivi, en retirant la porte après lui, tandis que la jeune fille, tout étonnée de cette visite nocturne se dit :

— Quel vilain homme... que peut-il vouloir à Francisque au milieu de la nuit... c'est singulier !... il me semble que ce n'est pas la première fois que je le vois... mais où donc l'ai-je déjà aperçu ?...

Florentine cherchait encore dans sa mémoire, lorsque son amant rentre dans la chambre ; mais sa figure est bouleversée, une pâleur livide couvre son visage, et il court prendre son chapeau, et le manteau qu'il avait ôtés en arrivant.

— Eh bien... que faites-vous donc... est-ce que vous allez me quitter? s'écrie Florentine, et vous n'avez pas même achevé de souper.

— Oui... je m'en vais... il le faut... je n'ai pas un moment à perdre...

— Qu'est donc venu vous dire ce vilain homme, ce La Grenouille, pour que vous partiez ainsi?... mon ami, vous avez des mystères que je ne comprends pas... quand donc me confierez-vous tout ce qui vous regarde... est-ce que vous croyez que cela ne m'intéresse pas?...

— Plus tard ! plus tard ! mais en ce moment il faut que je parte... c'est un homme qui m'emporte de l'argent et je vais courir après lui.

— Mais au moins ne soyez plus si longtemps... Quand reviendrez-vous?

— Je n'en sais rien !

— Vous n'en savez rien !

— Adieu, adieu... ne me retenez pas...

Le jeune homme s'est enveloppé dans son manteau, et il sort brusquement de la chambre sans même avoir embrassé sa maîtresse, qui s'était avancée vers lui et qu'il a assez brutalement repoussée pour partir plus rapidement.

Florentine est demeurée stupéfaite ; elle reste quelque temps plongée dans ses pensées, puis tout à coup elle pousse un cri, en disant :

— Ce vilain homme... cette affreuse figure... ah ! je me rappelle maintenant... oui... le soir que l'on emmenait de l'Ambigu un voleur... c'était lui... oh! ses traits m'avaient frappée... un voleur! et il est l'ami de Francisque!

Florentine, épouvantée par cette découverte, tombe consternée sur un siége et semble abîmée dans ses pensées.

XII

RÉOUVERTURE DU THÉATRE DE LA PORTE-SAINT-MARTIN EN 1802

A l'époque où nous sommes arrivés, c'est-à-dire vers la fin de l'année 1802, la manie des spectacles était devenue telle, et surtout à Paris, que tout le monde voulait jouer la comédie. Les théâtres bourgeois pullulaient.

Outre la salle du fameux *Doyen*, située rue Transnonain et qui alors commençait seulement à se faire connaître, il y avait le petit théâtre de la Boule-Rouge, celui de l'Estrapade, de la rue Grenier Saint-Lazare, de la rue Montmartre, une toute petite salle dans la rue du Renard, une autre rue des Amandiers, etc., etc.

Cependant la belle salle de la porte Saint-Martin, bâtie pour l'Opéra, était encore fermée, lorsque, le 5 vendémaire de l'an XI, ce théâtre rouvrit ses portes par le mélodrame de *Pizarre ou la conquête du Pérou.*

Dès la veille, la réouverture de ce beau théâtre était le sujet de conversation de toutes les marchandes et de tous les habitués du boulevard du Temple.

— Ça va nous faire du tort si ça réussit! disait madame Rouflard, au lieu de venir à l'Ambigu-Comique, et à la Gaîté, le public ira à ce nouveau théâtre.

— Bah! bah! répondait Turlure, il nous viendra toujours du monde!... on accourra toujours pour voir *le Pèlerin blanc* et *le Jugement de Salomon!...* d'ailleurs, après tout, il faut que tout le monde vive.

— Voyez-vous ça!... mamzelle prend le parti du nouveau théâtre, et tout ça, parce l'acteur dont elle est toquée... son grand *Révalard* est à présent engagé à la Porte-Saint-Martin... il ne peut donc rester nulle part, ce fameux talent-là... il était à la Gaîté, puis à l'Ambigu-Comique, et le voilà maintenant qui est ailleurs!...

— Et ben! un grand théâtre, c'est ce qu'il faut à un gran dacteur, il aura de la place pour faire ses enjambées... il joue dans la pièce d'ouverture... Oh! il paraît que les costumes sont magnifiques... ça se passe chez des sauvages...

— Si ça se passe chez des sauvages, ils n'ont pas besoin de costumes alors!... ces gens-là ne s'habillent pas!

— Quelle est bête... est-ce qu'on peut jouer tout nu?

— Dame! pour faire des sauvages!...

— Monsieur Révalard m'a promis un billet!... mais il

ne m'en donnerait pas que j'irais tout de même!... pas de danger que je manque l'ouverture d'un théâtre...

— Et la boutique?

— Est-ce que Boursiquet n'est pas toujours à mon service?

— Pauvre Boursiquet! en v'là un à qui on fait voir la lune en plein midi!... mais je croyais qu'il était tout à fait garçon de café à présent?

— Qu'est-ce que ça fait... il se dédoublera... d'ailleurs Florentine est complaisante, elle aura l'œil sur ma marchandise!

— Florentine! si elle veille sur tes chaussons de pomme comme sur ses oranges, ça sera bien gardé! pas plus tard que hier, deux gamins sont venus flairer sa marchandise, puis ils se sont sauvés, en lui volant chacun une orange et elle ne s'en est pas seulement aperçue.

— Et vous, qui l'avez vu, vous n'avez rien dit?

— Par exemple... est-ce que ça me regarde!... tant pis... ça lui apprendra à regarder toujours les étoiles, en poussant des soupirs à éteindre ses chandelles.

Celle dont on parlait, s'inquiétait fort peu, en effet, de tout ce qui se passait autour d'elle; une seule idée la préoccupait sans cesse, elle portait dans son sein un gage de ses amours et l'auteur de sa faute ne s'empressait pas de l'épouser, bien loin de là! un mois s'était écoulé depuis cette nuit qu'elle lui avait appris sa position, et elle n'avait pas revu son amant, il ne lui avait pas donné de ses nouvelles.

Le lendemain, sur les huit heures du soir, la salle de

la Porte-Saint-Martin offrait un coup d'œil ravissant : entièrement garnie, depuis le bas jusqu'en haut, pas une place n'était restée vide. Les premières loges, la première galerie, les avant-scènes étaient en grande partie occupés par des dames élégamment parées, et, à cette époque, la variété qui régnait dans les toilettes et les coiffures des dames donnait plus de piquant à l'aspect de la salle.

Le lever du rideau avait disposé très-favorablement les spectateurs. Sur les bords de la mer, dans un site agreste, on voyait les Péruviens et les Péruviennes à genoux et adorant le soleil qui se levait. Ce tableau était magnifique. Malheureusement la pièce, bien qu'elle fût du bon faiseur, *Guilbert de Pixérécourt*, ne tenait pas ce que ce début promettait.

Dans une première loge de côté, on voyait la jolie madame Roberval avec son fidèle sigisbé, le chevalier de Mérillac. Quant au mari, suivant son habitude il était en voyage ; il devenait donc presque indispensable à sa femme d'avoir sans cesse près d'elle un cavalier servant ; aussi, bien loin de s'en formaliser, et de montrer la plus légère atteinte de jalousie, M. Roberval faisait-il au chevalier un accueil empressé. Cette extrême confiance allait jusque à contrarier parfois M. de Mérillac qui se disait :

— J'ai connu des maris complaisants, mais jamais d cette force-là !... ça m'est égal, je ne lui ai pas donné de recommandation.

— Que lorgnez-vous avec tant d'attention en ce moment ? demande madame Roberval à son cavalier.

— Ma foi, je vous avouerai que c'est une dame...

— Oh! quant à cela je m'en doutais. Vous la connaissez, et comptez lui faire la cour?

— Ah madame, vous me jugez mal!

— Oh, non... je vous connais à présent... mieux que mon mari!

— C'est peut-être plus facile, moi je ne me cache pas!

— A propos de mon mari, vous ne savez pas ce qu'il m'a annoncé en partant?

— Qu'il ne reviendrait pas?

— Ah! que c'est joli!... c'est cela qui vous attraperait bien.

— Enfin, il vous a annoncé?

— Qu'à son retour il me donnerait un cabriolet!

— Avec un cheval?

— Ah que vous êtes impatientant! oui, monsieur, oui avec un cheval, que nous aurions voiture enfin!

— Mon compliment, belle dame, il va bien votre mari, à ce qu'il parait!... il fait de bonnes affaires!

— Ma foi, je serais bien embarrassée pour dire lesquelles, mais ce qu'il y a de certain, c'est qu'il sème l'or à pleine main.

— Il est bien heureux! j'en ai semé jadis, mais il n'a point poussé.

— Tiens j'aperçois là-bas au balcon, un de mes bons amis... le comte de Germancey... Oh! j'irai lui parler tout à l'heure, car il y a longtemps que je ne l'avais rencontré.

— Le comte de Germancey... pourquoi ne l'amenez-vous pas chez moi?

— Il n'aime plus le monde... il a éprouvé tant de malheurs... c'est un ruiné comme moi !

— Mais vous n'en êtes pas plus triste, vous !

— Tous les hommes n'ont pas ma philosophie...

— Chut ! voilà le second acte qui commence...

Et la jolie dame se tourne vers la scène, tandis que Mérillac se dit :

— Sapristi ! je voudrais cependant bien savoir quel métier fait ce Roberval pour s'enrichir si promptement.

A la seconde galerie de face, mademoiselle Turlure, coiffée d'un petit bonnet mis coquettement en arrière, et sur lequel une grosse rose artificielle était placée d'une façon assez heureuse, pouvait avec sa modeste robe de laine, passer pour une grisette très-avenante. Ses cheveux blonds étaient frisés avec soin, son nez retroussé, ses yeux pleins de vivacité formaient un ensemble fort séduisant pour un amateur.

Auprès de la petite marchande s'était placé un grand jeune homme maigre, au nez long, et pointu, mais dont la physionomie n'était point désagréable et annonçait de l'esprit. Il s'était reculé poliment pour laisser plus de place à sa voisine, et celle-ci en le regardant pour le remercier était devenue rouge d'émotion et de plaisir parce qu'elle avait cru reconnaître dans son voisin un acteur du petit théâtre des Délassements.

Turlure ne se trompait pas, ce jeune homme était un nommé Després, qui au théâtre avait pris le nom de Saintclair; issu d'une bonne famille et ayant fait toutes ses études, la passion du théâtre s'était emparée de lui, au point de lui faire abandonner *Cujas* et *Barthole*. Il avait réussi, d'abord parce qu'il avait du feu, de l'aisance en scène, ensuite parce que l'éducation qu'il avait reçue, ne contribuait pas peu à lui donner de bonnes manières; car, quelle que soit la profession que l'on doive embrasser, le temps que l'on aura donné à l'étude nous sera toujours compté pour parvenir.

Et le jeune Saintclair avait été engagé au petit théâtre des Délassements.

Mademoiselle Turlure, qui, lorsqu'elle allait au spectacle, mangeait les acteurs des yeux, avait quelques jours auparavant mangé le jeune Saintclair dans un vaudeville où il avait fort bien rempli et chanté son rôle d'amoureux. On doit donc juger de l'émotion qui s'empare de la jeune marchande, lorsqu'elle croit reconnaître le même acteur dans le monsieur qui est assis près d'elle; son trouble est tel, qu'elle n'a pas remarqué l'entrée de Révalard qui, dans un costume espagnol, vient porter la terreur parmi les Péruviens.

Turlure ne cherchait qu'une occasion pour renouer la conversation avec son voisin, elle s'écrie, en voyant *Pizarre* en scène :

— Tiens! quel est donc cet acteur-là?... je ne le connais pas... et pourtant je connais presque tous les artistes!

Le jeune homme placé près d'elle sourit et lui dit :

— L'acteur qui est en scène se nomme Villeneuve.

— Ah! merci, monsieur; mais d'où sort-il donc? il n'a joué ni à l'Ambigu, ni à la Gaîté.

— Il vient du Théâtre-Molière, où il a joué dans la reprise du *Château du Diable*.

— Le Théâtre-Molière!... tiens! je ne le connais pas ce théâtre-là... C'est rue Saint-Martin, je crois?

— Oui, et une fort jolie salle. Il y a de grandes glaces dans toutes les loges des premières, et, comme ces loges sont découvertes, les glaces repètent fort bien le monde qui est dans la salle.

— Oh! que ce doit être joli!

— Malgré cette parure, le pauvre Théâtre-Molière n'en va guère mieux...

— Monsieur... pardon... il me semble que vous êtes acteur aussi, vous?

— Vous ne vous trompez pas.

— Au théâtre des Délassements; et vous avez joué la semaine dernière dans *Colinette à la cour*... un vaudeville. . où l'on chante des airs d'opéra!

— C'est bien cela... j'ai joué avec une jeune élève du théâtre de la rue Dauphine... la petite *Cuizot*... elle ira fort bien cette petite... elle a de la voix, de la verve, de beaux yeux... je gage qu'elle fera son chemin?

— Et vous aussi, monsieur, vous jouez très-bien!...

— Vous êtes bien indulgente.

Malheureusement le petit théâtre des Délassements ne va guère mieux que le Théâtre-Molière!... on a beau y jouer un peu de tout! on ne fait pas d'argent!

— Dame aussi pourquoi avez-vous un poêle dans le parterre? Je suis sûre que cela vous fait du tort!

— Vous croyez? il faudra que je dise cela à mon directeur; en attendant je vous apprendrai que nous nous disposons à frapper un grand coup, à tenter un essai qui s'il réussit, peut nous amener la foule!

— En vérité... est-ce que vous allez danser sur la corde?

— Non, Dieu merci... d'abord cela ne m'irait pas, nous allons donner une tragédie!

— Une tragédie!... chante-t-on là dedans?

— Non, c'est en vers.

— Ah! de ces pièces comme on en joue au Théâtre-Français... où l'on se tue toujours à la fin...

— Celle que nous voulons donner est une tragédie pour rire, c'est l'œuvre d'un perruquier.

— Comment! les perruquiers font des tragédies?

— Oui! depuis que *Beaumarchais* a donné *Figaro*, les perruquiers font de tout; mais comme maître André n'est pas un *Figaro*, sa tragédie, je l'espère du moins, fera beaucoup rire, c'est le *Tremblement de terre de Lisbonne!* rien que cela!...

— Ah! mon Dieu! quel titre effarouchant! alors vous allez jouer cela en riant?

— Non pas vraiment! nous jouerons la pièce très-sérieusement, comme si c'était du Racine; et toutes les balourdises qu'elle renferme n'en feront que plus d'effet, car pour faire rire, au théâtre, il ne faut pas rire soi-même; mais la pièce n'est pas prête, ensuite nous n'avons pas encore la permission.

Et mademoiselle Turlure en écoutant Saintclair ne s'aperçoit pas que le féroce *Davilla* est en scène; le jeune artiste des Délassements avait fait oublier le grand Révalard.

A la troisième galerie, nommée aussi le *Paradis*, Moucheron, bien qu'arrivé un des derniers, avait tant fait des pieds et des mains, repoussant l'un, montant sur les épaules d'un autre, qu'il était parvenu jusqu'à la première banquette; mais là, il avait trouvé toutes les places prises. Cela ne le décourage pas, il se hisse sur ses pointes, jette un coup d'œil sur toutes les personnes assises sur le devant, et apercevant un petit monsieur bossu, dont la tête arrivait à peine à la balustrade, il enjambe, saute, se faufile, arrive jusqu'au petit bossu et s'assied carrément sur lui en s'écriant :

— C'est ma place! je la reconnais.

— Monsieur! monsieur! prenez garde!... vous êtes sur quelqu'un... vous vous asseyez sur moi!... crie le petit homme.

— Tiens! il y a quelqu'un là-dessous? dit Moucheron en ayant l'air de chercher sous la banquette.

— C'est sous vous... vous êtes assis sur moi... vous m'étouffez... ôtez-vous donc?

— Comment que je m'ôte... jamais!...

— Vous n'avez pas le droit de prendre ma place...

— Votre place... c'est la mienne...

— Non, monsieur... j'étais là avant vous... je suis entré le premier dans la salle.

— Oui, mais moi j'étais là hier... à la répétition... La preuve, c'est que j'avais laissé un noyau de pruneau sur la banquette... pour marquer ma place... si vous vous êtes assis sur mon noyau vous êtes dans votre tort !

— Je vous dis de vous ôter...

— Le plus souvent !... je reste à ma place, si vous voulez rester sous moi, ça m'est égal, je vous le permets, vous ne me gênez pas.

— Ah ! c'est trop fort !... à la garde !

Les personnes placées autour de ces messieurs savaient bien que le petit bossu était dans son droit, mais comme cela les amusait de voir les grimaces qu'il faisait sous le jeune commissionnaire, on se contentait de rire sans prendre son parti.

S'apercevant que personne ne vient à son aide, le petit homme n'étant pas le plus fort, cherche à être le plus traître, et il pince si fortement Moucheron que celui-ci se relève comme un ressort. Mais alors les coups de poing vont leur train ; et cette fois les voisins craignant d'attraper des éclaboussures, se décident à se reculer à droite à gauche. Alors les combattants peuvent s'asseoir à côté l'un de l'autre, cela termine la querelle et Moucheron rit au nez du bossu en lui disant :

— Je savais bien que ça finirait comme ça.

— Alors le jeune commissionnaire ne s'occupe plus que de la pièce et il s'écrie de temps en temps avec un air de connaisseur qui impose à ses voisins :

— C'est beau de décors et de costumes !... Mais c'est pas fort comme intérêt. Tout ça ne vaut pas le *Damoisel et la Bergerette* que j'ai été voir au Théâtre de la Cité avant-hier... c'est ça une belle pièce !... et si bien jouée !

Manzelle *Julie Diancourt* fait la Bergerette et monsieur *Clausel* fait le Damoisel... en v'là un bel homme et joli garçon... il enfonce joliment tous ces acteurs-ci!

— Mais c'est une pantomine que votre *Damoisel et Bergerette*... on ne parle pas dedans! s'écrie une voisine.

— Justement! c'est pour cela que ça m'amuse mieux que cette pièce-ci!... où, quand ils parlent, c'est pas amusant du tout, pas vrai, petit vieux... hein? nous sommes amis à présent, n'est-ce pas?

Le petit bossu, auquel s'adressaient ces paroles, secoue la tête d'un air important, en répondant :

— Ne me parlez pas des pantomimes! je n'ai jamais entendu un mot spirituel dans ces pièces-là!

Dans l'entr'acte, Moucheron est allé se rafraîchir et s'acheter de la frangipane, dont il offre généreusement un morceau au petit homme, en lui disant :

— Je ne vous en veux plus! et vous?

— Est-elle toute chaude?

— Je crois bien, elle me brûle les mains!

— Alors j'accepte et tout est oublié!

Pendant le second acte de *Pizarre*, qui continue de ne point amuser Moucheron, en regardant dans la salle, le jeune commissionnaire vient d'apercevoir dans une loge des premières, une jeune femme, mise avec élégance et qui semble aussi porter peu d'attention à la pièce. Cette dame, qui paraît avoir vingt-deux à vingt-quatre ans, est très-brune de cheveux, et un peu de peau, mais ses traits sont réguliers, ses yeux très-noirs sont surmontés de sourcils assez épais qui donnent quelque chose de sévère et même de dur à sa physionomie.

— Tiens! tiens! voilà qui est drôle! pense Moucheron dont les regards se sont portés sur cette jeune femme et qui ne peut plus les en détacher. « Voilà une figure qui me rappelle celle de ma sœur... c'est-à-dire cette dame est plus grande... elle a un air plus fier... mais dame!... depuis six ans que je ne l'ai vue... elle a bien pu changer... Oh! non, ce ne peut pas être ma sœur... mise avec cette élégance... et à Paris sans que je le sache... c'est égal, dans l'entr'acte ou à la sortie, il faudra que je tâche de voir cette dame de plus près...

Et lorsque le second acte est terminé, Moucheron va rôder dans le corridor des premières, mais les loges restent fermées, et comme elles sont pleines, il n'y a pas moyen, par le carreau, de voir les personnes qui sont sur le devant; il prend son parti et regagne sa place en se disant : « Je la guetterai à la sortie. »

XIII

CE QUE CONTENAIT LA LETTRE DU FRÈRE DE M. DE GERMANCEY

Le chevalier de Mérillac n'avait pas manqué, pendant un entr'acte de *Pizarre*, d'aller dire bonsoir à son ami de Germancey, et comme il lui reprochait les intervalles trop longs qui avaient lieu entre leurs rencontres, le comte lui dit :

— Mon ami, vous ignorez que je passe une partie de mon temps dans les environs de Paris, à faire des recherches... qui jusqu'à ce jour sont infructueuses. Venez demain matin déjeuner chez Tortoni, et je vous conterai des choses fort intéressantes... le voulez-vous?

— Oui certes. Demain à onze heures, je serai au boulevard des Italiens au coin de la rue Taitbout.

— A demain alors.

Les deux amis avaient été exacts, ils se retrouvaient le lendemain matin au café, qui fait encore maintenant le coin du boulevard et de la rue Taitbout ; ils allaient s'asseoir dans un petit salon du fond, et tout en prenant leur chocolat causaient confidentiellement :

— Mon cher Mérillac, vous rappelez-vous qu'en me retrouvant à Paris, vous m'avez remis une lettre que mon frère vous avait recommandé de ne donner qu'à moi-même ?

— Oui, oui, je me le rappelle fort bien, votre frère paraissait attacher une grande importance à ce que vous eussiez cette missive...

— Je le crois ! car il me confiait dedans un secret... je ne vois aucun inconvénient à ce que vous le sachiez, vous pourrez peut-être me seconder dans mes recherches... Je vous tairai seulement le nom de la dame... qui fut l'héroïne de l'aventure, car elle existe encore... et vous pourriez vous rencontrer avec elle dans le monde !...

— Ah! c'est une histoire de femme... une intrigue d'amour alors... Bon ! j'aime beaucoup ces aventures-là !...

— Vous saurez donc que quelques années avant la révolution, mon frère avait noué une intrigue d'amour avec une demoiselle de haute naissance et de cette intrigue était né un enfant. La demoiselle n'avait plus sa mère et elle avait pu assez facilement cacher sa faute et ses suites à son père, ancien militaire fort sévère sur le point d'honneur et dont on avait grand peur !

— Mais pourquoi votre frère n'épousait-il pas celle qu'il avait séduite?...

— Il était certain d'être refusé par le père, qui voulait marier sa fille au fils d'un vieux marin de ses amis, alors en voyage. Trois années s'écoulèrent, le jeune marin ne revenait pas. Pendant ce temps la liaison se continuait entre mon frère et la demoiselle... et continuait si bien, qu'un nouvel enfant survint !...

— Diable !... la jeune personne y prenait goût !... mais ces enfants, qu'en faisait-on?..

— C'est ce dont nous allons nous occuper tout à l'heure, pour l'instant finissons-en avec la demoiselle. Son futur, qui était parti avec *Lapérouse*, ne revint pas plus que le célèbre navigateur ; mais en revanche la révolution s'avançait à grands pas. Notre belle demoiselle partit pour l'Italie avec son père, celui-ci y mourut au bout de deux années. Mademoiselle de... trois étoiles, attendit pour revenir en France que la tempête fût un peu calmée. Mais quand elle y revint, elle trouva ses biens vendus... bref elle était ruinée... habituée à vivre au sein de l'opulence, la misère la faisait trembler d'avance... mais elle avait toujours son nom, qui était beau, et un des plus fougueux partisans de la révolution, un de ceux qui avaient propagé avec le plus de force le système de l'égalité, offrit sa main et sa fortune à la fille d'un ci-devant, qui accepta la fortune et le mari par-dessus le marché !

— Voilà qui est arrangé, terminé pour la demoiselle, maintenant occupons-nous des enfants.

— Lorsqu'il entretenait une intrigue si bien cachée,

mon frère avait plusieurs fois demandé à sa maîtresse ce qu'elle avait fait de ses enfants, et elle lui avait répondu : Soyez tranquille ; ils sont chez de bonnes gens, qui en ont bien soin. Mon père, qui désirait aller les voir, avait demandé à connaître le lieu qu'ils habitaient, mais la mère, qui craignait toujours qu'il ne fît quelque imprudence et ne compromît leur secret, n'avait pas encore voulu lui apprendre où étaient les enfants. Lorsque son père l'emmena tout à coup en Italie, puis la révolution survint et mon frère qui était en Angleterre, ne pensa plus aux pauvres orphelins !... car on peut bien appeler ainsi de malheureux enfants qui n'ont jamais reçu une caresse de leur père ni de leur mère. Mais un an avant sa mort, mon frère avait reçu une lettre... d'une écriture qui lui était bien connue, et dans laquelle on lui disait : « J'avais mis ma fille en nourrice près de Versailles, mais lorsqu'elle avait deux ans, je l'ai confiée à une paysanne aisée de Vincennes qui s'est chargée d'en prendre soin. C'est aussi là que, un peu plus tard, j'ai porté mon fils. Cette paysanne se nommait Madeleine Duchemin, elle était mariée et avait quatre enfants. Je lui ai envoyé de l'argent jusqu'au moment où mon père m'a emmenée en Italie. Quand je suis revenue en France, je me suis informée : la femme Duchemin et son mari étaient morts. Impossible de savoir ce que sont devenus les deux enfants que je leur avais confiés. J'avais nommé la fille Maria, et le petit garçon Victor. Voilà tout ce que je puis vous dire touchant ces fruits d'un amour coupable. Adieu, monsieur, oubliez-moi. »

Cette lettre fut le dernier souvenir que mon frère reçut de celle qu'il avait aimée. Il se promit, lorsqu'il rentrerait en France, de faire son possible pour retrouver ses deux enfants, mais mon frère formait des projets qu'il mettait rarement à exécution. Vous savez le reste, chevalier, il s'est battu en duel pour une femme, il est mort des suites de sa blessure ; mais quelque temps avant de mourir, il a pensé enfin à m'écrire toute cette histoire, en me priant instamment de faire tout mon possible pour trouver cette nièce et ce neveu qu'il regrette d'avoir abandonnés, me recommandant, si je les trouve, et si le destin nous rendait un jour notre fortune, de la partager avec les deux enfants.

— Ma foi, comte, voilà une histoire fort intéressante ! ainsi vous avez comme cela de par le monde, un neveu et une nièce que vous ne connaissez pas !...

— Non, mais que je voudrais bien connaître. D'après les dates ajoutées en post-scriptum à sa lettre, la demoiselle, qui est l'aînée, doit avoir maintenant vingt-deux ans et demi et le garçon dix-neuf.

— Ils sont tout élevés alors ?

— Oui, mais comment ? cette paysanne ne recevant plus d'argent aura peut-être abandonné ces enfants ou les a confiés à des étrangers... à des saltimbanques... c'est affreux à penser !

— Vous avez été à Vincennes sans doute ?

— Ce fut ma première démarche ; j'ai eu beaucoup de peine à trouver quelqu'un ayant connu cette femme Duchemin ; enfin un vieux paysan s'en est souvenu, et m'a envoyé chez un laboureur qui a épousé une des filles de Madeleine Duchemin. J'espérais, là, avoir quelques renseignements... mais j'ai trouvé une villageoise à moitié idiote... je lui ai dit : Votre mère avait en sevrage deux enfants, une fille et un garçon... qu'en a-t-elle fait ? Alors elle a ouvert de grands yeux et m'a répondu : Ah ! je sais pas ! j'étais trop petite, ma sœur le sait peut-être !

— Et où est votre sœur?

— Elle est mariée avec un tonnelier...

— Ici?

— Non, à Gagny, elle s'appelle madame Chenu.

Vous comprenez que je suis allé à Gagny demander madame Chenu; celle-ci n'en savait pas plus que sa sœur et m'a dit : J'ai un frère qui est allé demeurer à Fontainebleau où il est maréchal ferrant ! Je suis allé à Fontainebleau : le Duchemin maréchal ferrant n'y était plus, celui-là m'a fait courir dans cinq ou six villages et pour rien, c'est-à-dire, il s'est à peu près rappelé que sa mère avait renvoyé à Paris le petit Victor et la petite Maria, mais chez qui? il l'ignorait entièrement.

— Eh bien, mon cher comte, si votre neveu et votre nièce sont à Paris, le hasard peut vous les faire retrouver; il ne s'agit que de s'informer de tous les Victor et de toutes les Maria !...

— Oui... s'ils ont conservé leurs noms d'enfants. Enfin... j'ai fait ce que j'ai pu... maintenant, comme vous dites, je crois que le hasard seul peut me faire découvrir ce que sont devenus les enfants de mon frère.

Donnez-moi donc des nouvelles de cette jeune

fille que vous protégiez... cette jolie marchande d'oranges... il y a fort longtemps que je ne suis allé sur le boulevard du Temple... Je ne suis pas grand amateur de mélodrames... j'avoue que je préfère notre Opéra-Comique qui a maintenant une si excellente troupe... *Elleviou*, *Martin*, *Gavaudan*, *Juliet*, *Lesage*, mesdames *Saint-Aubin*, *Gonthier*, *Scio*, *Gavaudan*... J'ai donc négligé le *Jugement de Salomon* pour *les Deux Journées* et *Maison à vendre*, sans quoi je serais allé présenter mes compliments à cette charmante Florentine... n'est-ce pas son nom?

— Oui, chevalier, mais il me serait difficile de vous donner de ses nouvelles, car il y a aussi fort longtemps que je ne l'ai vue!

— Comment? vous oubliez celle que vous aviez prise sous votre protection?

— Non, oh! je n'oublie pas! mais quand le protecteur a perdu la confiance de sa protégée, quand il s'aperçoit que sa présence embarrasse plus qu'elle ne satisfait, ne trouvez-vous pas, chevalier, qu'il fait aussi bien de se tenir à l'écart?

— Quoi... cette jeune Florentine ne serait plus heureuse et fière de votre amitié? Ah! cela m'étonnerait...

— Je n'accuse pas Florentine d'ingratitude; dans le fond de son cœur, je suis persuadé qu'elle me garde toujours une place, mais à son âge, la place pour l'amitié est bien petite, quand l'amour est venu presque tout envahir!...

— Ah ! je comprends, notre séduisante marchande a un amoureux? Mais au moins a-t-elle bien choisi?

— Ah! voilà justement ce que j'aurais voulu savoir ! et ce qu'on ne m'a pas dit... J'ai même dans l'idée que Florentine ne sait pas elle-même quel est l'état, la profession de son amant... et le mystère dont ce monsieur s'enveloppe m'inquiète, il m'a été impossible de me trouver avec celui qu'elle aime, il ne venait lui parler que fort tard probablement !... je désirais beaucoup le voir, ce Francisque... c'est le nom du jeune homme qui a toujours évité ma présence.

Je n'augure rien de bon de ce mystère... Pauvre Florentine ! quelque chose me dit qu'elle est trompée par quelque mauvais sujet...

— Ce n'est pas le cas de l'abandonner !

— Non sans doute ! aussi je la reverrai... mais il faut lui laisser le temps d'apprécier celui auquel elle a donné son amour... j'ai dans l'idée qu'elle ne tardera pas à le mieux connaître ; en attendant, je cherche mon neveu et ma nièce.

— Oui, mais franchement, mon ami, si le hasard ne vous seconde, je crois qu'il vous sera difficile de les trouver.

Pendant que cette conversation avait lieu sur le boulevard des Italiens, une autre venait de s'entamer sur le boulevard du Temple, devant un petit cabaret borgne qui était tout près des parades du paillasse Rousseau.

Le petit Beaulard y mangeait tranquillement son pain et un morceau de cervelas, lorsque son ami Moucheron était venu le trouver. Le jeune commissionnaire paraissait fort préoccupé, et tout en buvant une chopine de vin, dont il forçait le maigre employé de *Curtius* à accepter un verre, il se détournait à chaque instant pour regarder sur le boulevard et examiner chaque femme qui passait.

— Tu as été hier à la réouverture du théâtre de la Porte-Saint-Martin? dit Beaulard en fourrant dans sa bouche un énorme morceau de pain.

— Oui, j'ai été voir *Pizarre.*

— Eh ben, est-ce aussi beau qu'on l'annonçait, ça fera-t-il du tort aux théâtres de ce boulevard?

— Je ne crois pas... c'est une belle scène que celle du théâtre de la Porte Saint-Martin... les acteurs ont de la place pour faire leurs gestes... Ce n'est pas comme aux *Associés*, le petit théâtre qui est un peu avant tes bonshommes de cire, où l'autre soir, dans la *Ribote du Savetier*, une pièce du directeur, un acteur, en faisant un geste de surprise, a flanqué un soufflet à l'amoureuse qui était près de lui; mais celle-ci s'est empressée de lui envoyer son pied au derrière, et la pièce a continué tout de même.

— Alors *Pizarre*, c'est pas fameux?

— Non... c'est creux... c'est pas assez nourrissant.

— Qu'est-ce que tu regardes donc toujours sur le boulevard, Moucheron... est-ce que tu guettes quelqu'un?

— Non... je ne guette pas... mais je cherche... Ah! c'est que, hier au soir au spectacle, j'ai vu une femme qui ressemblait si bien à ma sœur... que je ne suis pas encore sûr que ce n'était pas elle...

— Bah! ta sœur qui est à Rouen?

— Elle pourrait fort bien être revenue à Paris...

— Et tu ne lui as pas parlé?

— Impossible de m'approcher d'elle... elle était dans une loge aux premières, elle n'est pas sortie dans les entr'actes... sans cela, je guettais dans le corridor. Enfin, je m'étais dit : à la sortie, j'attendrai en bas, je m'approcherai d'elle... je lui dirai à l'oreille : est-ce toi Maria?...

— Eh bien?

— Eh bien, je ne sais pas par où elle est passée... et puis, il y avait tant de monde... je ne l'ai pas aperçue!...

— Mais si ta sœur est à Paris, est-ce que tu crois qu'elle ne viendrait pas te voir?

— Mon Dieu! est-ce qu'on sait... cette dame était fort bien mise... élégante même... si c'est Maria, qui sait si, devenue riche, ma sœur voudra revoir son frère le commissionnaire!

— Comment, tu crois que ta sœur te renierait... ça serait bien mal ça!... au lieu de partager sa fortune avec toi!

— Mon pauvre Beaulard! tu as bon cœur! et tu te figures que tout le monde te ressemble...

— Dame! qui est-ce qui s'aimera, si ce n'est un frère et une sœur?...

— Au fait, j'ai tort de supposer que Maria ne voudrait pas me voir... elle avait un caractère entier, une volonté qui ne cédait pas souvent... mais elle m'aimait bien... Et puis elle n'est pas bête, elle ne rougirait pas de ma pauvreté... il n'y a que les imbéciles qui rougissent de leurs parents...

— Mais sait-elle ton adresse, ta sœur?

— Oui, c'est-à-dire mon ancienne, quand je logeais rue Fontaine-au-Roi... mais quand j'ai quitté de là, j'ai dit où j'allais, rue Basse-du-Temple... Tu m'y fais penser, Beaulard, il y a longtemps que je ne suis allé à mon ancien logement voir s'il y a quelque chose pour moi.

— Et s'il y avait là une lettre pour toi, on ne te l'apporterait donc pas?

— On me l'apporterait si on avait le temps... tu comprends, ils ne se gêneraient pas... ils m'en ont gardé une de ma sœur pendant six semaines.

— C'est commode, si c'était pour une affaire pressée.

— Tiens, tu as raison, Beaulard, je ferai peut-être bien de courir à mon ancienne demeure, savoir s'il n'est rien venu pour moi.

— Mais à ta place, j'y aurais été déjà.

— Ce pauvre Beaulard... il n'est pas si bête qu'il en a l'air!...

Et le jeune commissionnaire quitte son ami, pour courir rue Fontaine-au-Roi.

XIV

LA SŒUR DE VICTOR

Moucheron avait de bonnes jambes, en fort peu de temps il arrive à son ancienne demeure et trouve sa portière, vieille femme septuagénaire, qui est en train de balayer la cour de la maison, laquelle cour peut avoir douze pieds carrés tout au plus, ce qui ne l'empêche pas d'être presque constamment encombrée par toutes les ordures qu'y jettent les locataires de tous les étages.

— Bonjour, mère Bichon, dit le jeune commissionnaire en s'arrêtant à l'entrée de la cour, pour ne point recevoir dans les jambes des trognons de salades, des coquilles d'œufs et une infinité d'autres détritus aussi peu agréables à l'œil qu'à l'odorat.

Mais la portière était tellement à son affaire, qu'elle n'entend pas qu'on lui parle et s'efforce de pousser son balai, tout en s'écriant :

— Je répète toujours que je me plaindrai au commissaire... et puis je suis trop bonne, je n'en fais rien ; mais cette fois, je me jure à moi-même que j'irai... parce que c'est trop fort ! ça passe la permission... Voyez s'il est possible d'abrutir une cour comme celle-ci... une ânesse n'y retrouverait pas ses petits!... non contents d'y vider leurs incongruités, ils jettent le vase avec!... et des cruches!... des cruches dans lesquelles on a fait ses nécessités... Je suis sûr que c'est ce vieux bancal du cinquième; sous prétexte qu'il ne peut presque pas marcher, il se sert de pots de fleurs... il fait demander à ses voisines leurs vieux pots de violettes ou de réséda !... et c'est joli les fleurs qu'il met dedans, lui !...

— Mère Bichon, je viens savoir si vous n'auriez pas, par hasard, une lettre pour moi...

— Tiens, c'est monsieur Moucheron dit Victor... ou plutôt Victor dit Moucheron... Vous me voyez dans mon coup de feu.

— C'est votre coup de balai que vous voulez dire !

— Jeune homme, je vous prends à témoin, comme quoi on jette des infamies dans cette cour... tenez, voyez-vous cette petite cruche?

— Ça, ce n'est pas une cruche, c'est un bocal à olives.

— Flairez, vous verrez quelles olives ils ont mises dedans !

— Merci ! je vous demande si vous avez une lettre, quelque chose pour moi...

— Rien du tout, et quand je m'informe, que je dis : Qu'est-ce qui a jeté ça? on me rit au nez... c'est personne !

— Puisque vous n'avez rien... adieu, mère Bichon !

— Non, j'ai rien... mais vous avez sans doute vu la belle dame qui est venue vous demander tout à l'heure.

— Une dame ! il est venu une dame me demander... et vous ne me le dites pas !

— Vous voyez bien que si !... Ah! en v'là qui ont mangé de l'homard... c'est moi qui l'aime ce poisson-là ; ils ont jeté des pattes qui étaient encore bien bonnes !...

— Et cette dame, mère Bichon, voyons, de grâce... quand est-elle venue... qu'a-t-elle dit?

— Elle est venue, il n'y a pas longtemps, puisque je croyais que vous l'aviez rencontrée; elle a demandé le jeune Victor... je lui ai répondu : Madame il ne loge plus ici, et je le regrette, parce qu'il ne jetait rien dans ma cour, celui-là... il est vrai qu'il ne mangeait jamais chez lui...

— Et alors cette dame?

— Elle a demandé où vous restiez à présent, je lui ai indiqué votre adresse, rue Basse-du-Temple, elle est partie en disant : J'y vais.

— Elle a dit : j'y vais !...

Et sans écouter encore la mère Bichon, qui veut lui faire flairer une terrine, Moucheron reprend sa course et ne s'arrête que devant sa demeure. Un fiacre stationne contre sa porte, il va passer devant, mais une voix est partie de la voiture et lui crie :

— Victor... c'est moi... je t'attends !...

Cette voix a retenti jusqu'au fond du cœur de Victor, aussitôt il ouvre la voiture et pousse un cri de joie en revoyant la personne qu'il a aperçue la veille au spectacle, en reconnaissant sa sœur. D'un bond il est auprès d'elle, et celle-ci crie au cocher :

— Rue Saint-Georges... où vous m'avez prise !

La sœur de Moucheron est une belle femme ; ses cheveux sont d'un noir de jais, ses yeux, de la même couleur, se reposent hardiment sur la personne à laquelle ils s'adressent ; une bouche grande, des dents superbes, un nez grec complètent le portrait et font de Maria une fort belle personne, chez laquelle les passions doivent être vives et qu'il ne doit pas être bon d'avoir pour ennemie.

— C'est toi, Maria ! s'écrie Moucheron en pressant dans les siennes les deux mains de sa sœur. Je ne m'étais donc pas trompé hier au soir, en croyant te voir dans une loge au théâtre de la Porte-Saint-Martin.

— Non, c'était bien moi... Pourquoi, puisque tu m'as vue, n'es-tu pas venu me parler !

— Mais d'abord je n'étais pas bien sûr... et puis ta belle toilette me gênait... moi, j'étais en veste comme à présent...

— Eh ! qu'importe,.. que tu sois en veste ou en habit, n'es-tu pas toujours mon frère ?...

— Ah ! c'est bien ce que tu dis là... mais pourquoi ne me faisais-tu pas savoir que tu étais à Paris?

— Je suis arrivée d'hier... tu vois bien que je n'ai pas perdu de temps.

— Tu es arrivée hier, et le soir même tu vas au spectacle?...

— Sans doute. A l'hôtel où je suis descendue, j'ai entendu dire que le soir il y avait un beau théâtre... l'ancien opéra du boulevard Saint-Martin, qui faisait sa réouverture, que ce serait très-brillant, très-élégant et tout de suite j'ai envoyé louer une place pour moi...

— Et tu y allais seule?

— Toute seule!

— Et tu ne craignais pas...

— Que veux-tu que je craigne? je n'ai peur de rien d'ailleurs!

— Cette chère Maria! comme tu es devenue grande, forte... mais c'est égal... c'est toujours ta figure... ton air fier!

— Toi, tu es bien plus changé... malgré cela, c'est toujours le même sourire... un peu moqueur...

— Mais comme tu es élégante... une robe de soie... un joli chapeau... ah! quelle différence avec la mise que tu avais en partant!

— Dame... il y a près de six ans... et en six ans il se passe bien des choses...

— Oh! tant mieux si tu as fait fortune!

— Je n'ai pas fait fortune! mais je ne suis pas pauvre... j'ai de quoi m'établir!

— Et tu viens t'établir à Paris... oh! quel bonheur!

— Je ne sais pas encore, cela dépendra!... un autre motif plus important m'y amène...

— Un motif plus important?

— Sans doute! j'y viens chercher mon mari.

— Ton mari!... comment! tu es mariée!...

— Oui, mon ami.

— Et depuis quand?

— Mais depuis trois ans déjà!

— Depuis trois ans! et je ne le savais pas!

— Je voulais te faire une surprise; mais ensuite les événements... je te conterai tout cela quand nous serons à mon hôtel... mais tiens justement, nous sommes arrivés.

La voiture s'est arrêtée devant un petit hôtel de la rue Saint-Georges. Maria paye son cocher et entre lestement en disant à son frère :

— Suis-moi!

— Mais on va croire que c'est un commissionnaire que tu ramènes avec toi, et on ne se tromperait pas, puisque c'est mon état!

— Viens toujours, je m'inquiète fort peu de ce que l'on croira.

Le jeune homme suit sa sœur, qui occupe une jolie chambre au second étage.

La jeune femme embrasse tendrement son frère, ensuite elle se jette sur un canapé et lui dit :

— Assieds-toi là, près de moi.

— Oui, ma sœur.

— Mais avant tout, as-tu faim, as-tu soif, as-tu déjeuné?

— Oui, oui, j'ai déjeuné, merci, je n'ai besoin de rien

que de t'écouter... et je suis si curieux de savoir comment il se fait que tu sois mariée....

— Alors écoute-moi : tu te rappelles que je quittai Paris avec la famille Vermont qui allait se fixer à Rouen : madame Vermont m'aimait beaucoup, elle me traitait plutôt comme une compagne que comme une femme de chambre : je la servais avec zèle, et souvent elle me disait : Ma pauvre Maria, je suis sûre que tu n'es pas née pour une position si infime. Tu ne connais pas tes parents... mais ce flacon, que ta mère a oublié chez la paysanne à laquelle elle t'avait confiée, prouve que c'était une dame du grand monde...

— Tu lui avais donc montré ton flacon?

— Sans doute... pourquoi le cacherais-je? ce ne serait pas le moyen de retrouver notre mère ! Je répondais à madame Vermont que je me trouvais bien heureuse d'être près d'elle, et comme elle touchait fort bien du piano, elle poussa la bonté jusqu'à m'apprendre cet instrument.

— Tu sais toucher du piano !

— Mais oui, assez bien... Ensuite ma protectrice me dit : Je ne veux pas que tu restes femme de chambre. Tu as beaucoup de goût pour les modes, tu chiffonnes très-bien un bonnet, je vais te mettre chez ma modiste, tu apprendras son état, je suis certaine que tu réussiras, et tu pourras un jour t'établir. Je ne voulais pas quitter cette femme généreuse, mais elle l'exigea. Elle paya d'avance une année de mon apprentissage, et me voilà dans un très-beau magasin de mode. J'avais du goût, j'apprenais facilement, en peu de temps je devins une des plus habiles ouvrières du magasin. Madame Vermont était enchantée d'avoir assuré mon avenir. Pauvre dame! peu de temps après je la perdis... Ah! je la pleurai bien, va! Elle me laissa un millier d'écus en me recommandant de toujours me bien conduire...

— Tu ne m'as pas écrit tout ça!

— Ah! mon ami... dans les modes est-ce qu'on a le temps d'écrire? Me voici arrivée à l'époque où je fis la connaissance de Villemart...

— Ah! ton mari, sans doute?

— Oui, je voyais sans cesse rôder devant le magasin un jeune homme... fort joli garçon... assez grand, de belle tournure... des cheveux presque aussi noirs que les miens... et des yeux... qui ont une expression... qu'on ne saurait définir... Enfin, quand je sortais, il me suivait, puis il me parla... puis il me dit qu'il m'adorait...

— Oui, oui, la rengaine ordinaire!...

— Moi, qui ne sais pas cacher ce que j'éprouve, je lui avouai bientôt que j'étais sensible à son amour...

— Et alors...

— Oh! je vis bien qu'il espérait faire de moi sa maîtresse... car les modistes n'ont pas une grande réputation de vertu!

— En général, elles ne passent point pour des vestales!

— Mais dans tous les états on peut rester sage quand on en a pris la résolution; et comme c'était la mienne, je dis à Villemart : Je vous aime, je ne vous l'ai point caché, mais n'espérez pas pour cela que je céderai à vos prières, je ne me donnerai qu'à mon mari ; jamais je ne serai la maîtresse d'un homme, quand bien même cet homme me couvrirait d'or et de bijoux !

— Ah ! c'est bien cela, Maria, et je suis fier de toi !

— Villemart essaya pendant quelque temps de triompher de ma résolution, mais quand il vit qu'il n'y avait pas moyen, il me dit : Je suis prêt à vous épouser...

— Mais que faisait-il ce jeune homme ? quel était son état ?

— Il me dit qu'il était dans le commerce et faisait des opérations avec l'Angleterre ; du reste, il avait toujours de l'or plein ses poches et paraissait fort à son aise.

— Lui avais-tu avoué que tu n'avais qu'un frère pour toute famille ?

— Oh ! c'est la première chose que j'avais faite, et cette confidence, loin de diminuer son amour, semblait l'avoir augmenté. Il regardait souvent mon flacon, et me disait en l'examinant : Oui, bien certainement vous êtes la fille d'une grande dame... il y a des armes gravées sur ce flacon, et quelque jour nous saurons à qui elles appartiennent. Enfin, comme je lui dis qu'une fois mariée je voulais m'établir modiste, il me donna un portefeuille contenant dix mille francs, en me disant : C'est mon cadeau de noces, vous voyez bien que vous aurez de quoi vous établir. Je n'avais plus de raison pour refuser de l'épouser, et je devins sa femme...

— Es-tu bien sûre que ton mariage soit bon ?... quelquefois on trompe les jeunes filles...

— Oh ! sois tranquille, on ne m'a pas trompée, moi !...

j'ai voulu être mariée par un vieux prêtre que je connaissais et en qui j'avais toute confiance. Comptant m'établir, j'avais quitté mon magasin ; d'ailleurs mon mari l'avait voulu. Nous avions pris un petit logement retiré, et je voulais sur-le-champ chercher à acheter un établissement. Mais Villemart s'y opposa en me disant : Rien ne presse ! tu as tout le temps, il faut un peu jouir de ta liberté ! J'aurais été fort heureuse, si mon mari ne m'avait pas quittée fréquemment, ses affaires l'exigeaient, me disait-il ; il s'absentait quelquefois trois jours, quelquefois un peu plus. Six mois se passèrent ainsi. Mais alors les absences de mon mari devinrent plus fréquentes. Quand je m'en plaignais, il me répondait avec humeur, avec colère même... Tu sais que je ne suis pas patiente ! d'ailleurs je m'apercevais que Villemart n'était plus le même pour moi. Je m'ennuie d'être si souvent seule, lui dis-je, vous m'empêchez de m'établir, mais c'est ce que je vais faire, si dans vos voyages vous ne m'emmenez pas avec vous. Faites ce que vous voudrez ! me répondit Villemart. Deux jours après il me quitta... Il y avait juste huit mois que nous étions mariés !... je ne l'ai pas revu depuis !

— Tu ne l'as pas revu depuis ?...

— Non ! il n'a pas reparu à Rouen, mais il m'avait laissé cette somme de dix mille francs, dont nous n'avions dépensé qu'une faible partie. Je pris un magasin de modes, et en peu de temps je devins une des premières modistes de la ville. Je gagnais beaucoup d'argent, mais je n'étais pas heureuse, car le souvenir de mon mari ne me quittait pas... je me disais : S'il m'a abandonnée, c'est qu'une autre femme a son amour... Ah! si je la connaissais cette femme qui m'a ravi le cœur de mon époux!... Ah! Victor... je ne sais pas jusqu'où se porterait ma vengeance!...

En disant cela, Maria s'est levée, sa poitrine est haletante, ses yeux lancent des éclairs!...

— Allons, calme-toi, ma pauvre sœur! dit Victor en faisant rasseoir la jeune femme; dans tout cela, je vois que ton mari est un triste sujet et qu'il ne méritait pas ton amour!

— Oui... je le crois aussi... mais qui ne se serait pas laissé prendre à ses discours... il a de l'esprit... de l'éloquence... et ses yeux... ah! je ne voulais pas l'écouter... mais on aurait dit que ses regards me fascinaient...

— Et il ne t'a pas même écrit pour te donner de ses nouvelles?

— Rien!... rien... et voilà deux ans et demi qu'il m'a quittée...

— Et tu ne m'avais rien écrit de tout cela!

— Ah! mon frère, il y a des choses qui peuvent se dire, mais qui ne peuvent pas s'écrire!...

— Et tu continuais ton commerce de modes?

— Oui... j'avais la vogue... Bien des hommes vinrent de nouveau rôder autour de moi et me fatiguer de leurs déclarations!... je n'ai pas besoin de te dire qu'ils furent très-mal reçus!... mon mari peut me tromper!... mais moi je ne le tromperai pas.

— Mais par quel hasard es-tu à Paris maintenant?

— Parce que, il y a huit jours, un monsieur qui m'avais vue plusieurs fois au bras de Villemart, est entré dans mon magasin et m'a dit : Je reviens de voyage... j'ai passé il y a deux mois quelques jours à Paris, et j'y ai aperçu votre mari. Ah ! tu dois penser que ma résolution fut bientôt prise ; je fis mes arrangements, je mis quelqu'un à la tête de mon magasin, et je partis pour Paris, où je suis arrivée hier, et si Villemart y est, ah ! je te réponds que je saurai le trouver... Fût-il déguisé, fût-il caché dans le quartier le plus reculé... je le découvrirai...

— Et notre flacon... tu l'as apporté avec toi, je pense ?

La jeune femme laisse tomber sa tête sur sa poitrine et pousse un profond soupir.

— Notre flacon... ah ! mon frère, tu vas bien me gronder... et cependant pouvais-je deviner que Villemart m'abandonnerait... Il avait souvent pris avec lui notre précieux bijou dans ses voyages, il prétendait pouvoir en rencontrer le propriétaire, ou du moins quelqu'un qui reconnaîtrait les armes gravées dessus... il a emporté ce flacon en me quittant.

— Le misérable... il nous prend le seul objet qui pouvait nous faire retrouver nos parents... Ah ! Maria ! Maria ! tu ne devais pas t'en séparer !

— Pardonne-moi, mon frère, mais je croyais aussi ne jamais me séparer de mon mari !

Victor se promène avec agitation dans la chambre ; il se frappe le front, il est désolé et murmure : Notre flacon, notre cher flacon... le seul objet qui nous vient de notre mère!... Tout est fini maintenant! plus d'espoir de retrouver jamais nos parents...

— J'en suis aussi désespérée que toi, Victor, mais pouvais-je prévoir ce qui est arrivé?...

— Non... c'est vrai... mais ce Villemart... si je le connaissais du moins... Voyons, fais-moi son portrait... je le chercherai aussi, ce monsieur qui épouse ma sœur pour la planter là au bout de huit mois!...

— Il a vingt-huit ans... il est d'une taille au-dessus de la moyenne, svelte, bien fait, des cheveux très-noirs, des sourcils épais, des yeux noirs dont l'éclat est singulier, mais qui se fixent rarement sur vous... une bouche mince, de belles dents, enfin c'est un joli garçon.

— Comment porte-t-il ses cheveux?

— Ah! il changeait souvent de coiffure, mais jamais de poudre, ses cheveux noués par derrière avec un bout de ruban; élégant et tournure de muscadin.

— C'est bien, je me rappellerai tout cela. Ainsi tu vas rester à Paris?

— Oui, jusqu'à ce que j'y aie trouvé Villemart. En attendant, prends ceci Victor...

— Une bourse... pourquoi me donnes-tu cela... je n'ai pas besoin d'argent, moi, je gagne assez de quoi vivre!

— Victor, songe que je suis ta sœur, que ce que j'ai est aussi à toi... Penses-tu que je veuille t'humilier!... tu veux rester commissionnaire, soit, si tel est ton goût, mais il est de ces convenances que l'on doit respecter... si je voulais sortir avec toi, me donnerais-tu le bras avec cette veste et cette casquette?... Tu ne voulais pas tout à l'heure me suivre dans cet hôtel de crainte de me compromettre...

— C'est vrai, eh bien !

— Eh bien, avec ce que contient cette bourse, tu t'achèteras un habillement complet... avec lequel tu pourras me donner le bras, sans qu'il y ait rien en nous qui choque les badauds. Crois-tu que ce soit par fierté que j'agis ainsi?

— Non, Maria, non, et au fait tu as raison, cela sera mieux ainsi. En effet, le monde est si bête! il ne juge les gens que sur leur mine... et pour être reçu partout, il ne suffit pas d'être un honnête homme, il faut d'abord être bien vêtu!...

— Cela ne m'empêchera pas, mon frère, d'aller te parler à ta place quand l'envie m'en prendra. Où te mets-tu ordinairement?

— Sur le boulevard du Temple, presque au coin du faubourg.

— C'est bien, je vais aussi tâcher de retrouver à Paris une amie que j'avais à Rouen... une jeune femme fort gentille... un peu plus âgée que moi et qui avait épousé un graveur avec lequel elle est venue habiter Paris, madame Roberval, connais-tu cela?

— Non... tu n'as pas son adresse?

— Elle me l'avait envoyée, je l'ai perdue!

— Si c'est un graveur, ce sera facile à trouver. Adieu, Maria, je retourne à ma place...

— Tu viendras souvent me voir, j'espère?

— Je te le promets, et toi, si tu découvrais quelque chose touchant ton mari, viens vite m'avertir, car je veux absolument le connaître ce monsieur-là ! et une femme ne peut pas toujours aller partout !

— Oh ! je ne suis ni peureuse ni timide, mais sois tranquille, tu seras instruit de tout.

Victor embrasse encore sa sœur, puis il la quitte pour aller s'acheter un vêtement complet de jeune homme du monde, et il en fait un paquet qu'il va porter à son logement.

XV

UN AMI VÉRITABLE

Florentine s'était dit : Il faut avoir le courage de supporter les conséquences de sa faute; je ne chercherai point à dissimuler ma position, à cacher mon état; je ne comprimerai pas mon enfant sous un corset qui peut le blesser. Je ne resterai pas enfermée au fond d'une chambre, car le grand air est nécessaire à la santé, et l'on doit soigner la sienne, quand on porte dans son sein une noucelle créature qui ne nous a pas demandé la vie, mais à laquelle il est de notre devoir d'en faciliter le chemin. Je continuerai donc d'aller sur le boulevard vendre ma marchandise, on verra bientôt que j'ai cessé d'être sage, on m'accablera de quolibets, on rira d'un air moqueur en me regardant... je supporterai tout cela sans me plaindre... je ne dois plus songer qu'à mon enfant.

Ce que Florentine avait prévu ne tarde pas à se réaliser : sa grossesse devient visible, alors les mauvaises langues sont enchantées de s'exercer sur le compte de celle dont la sagesse, la bonne conduite les avaient longtemps dépitées. La Rouflard n'est pas la dernière à faire de méchantes plaisanteries sur la position de sa voisine. Turlure seule, toujours bonne fille, parce qu'elle se sentirait probablement toute disposée à en faire autant que Florentine, a d'abord essayé de démentir les bruits qui commençaient à courir, mais, lorsque le fait est devenu évident, et que d'ailleurs la jeune marchande n'a pas essayé de nier son état, Turlure se charge de répondre aux sarcasmes de la Rouflard.

— L'année sera bonne ! dit la marchande de pain d'épices. Tout pousse que c'est une bénédiction ! on dit qu'il y aura autant d'enfants que d'abricots !

— Eh ben, tant mieux ! répond Turlure, ça fait que nous ne verrons pas la fin du monde !...

— Il est certain que du moment que les rosières s'en mêlent, il n'y a plus de raison pour que cela finisse...

— Ça serait drôle si, parce qu'on est jolie, il était défendu d'être sensible.

— Ce qui me surprend, moi, c'est qu'on ne voit pas plus de père que dans mon œil... il paraît qu'il n'est pas fier de ce qu'il a fait, ce monsieur !

— C'est qu'il sert probablement dans le régiment de

vot'mari, qui ne revient jamais de l'armée de la guerre !

Florentine entendait tout cela, mais elle ne répondait rien, elle se montrait fort indifférente à tous ces propos, quelquefois seulement elle disait à Turlure :

— Ne réponds donc point à ce que ces femmes disent sur moi !... Après tout, je suis coupable, j'ai fait une faute... il faut bien que je sois punie !

— Mais toutes celles qui t'invectivent en ont fait bien plus que toi, j'en suis sûre ! elles n'ont donc pas le droit de t'accabler de leurs moqueries !...

Florentine ne redoutait qu'une chose, c'était la présence de M. de Germancey ; devant lui elle sentait qu'elle n'aurait plus de courage, et cependant elle désirait le voir, car elle se disait qu'elle n'avait plus que lui pour ami ; elle était bien certaine qu'il lui pardonnerait sa faute, et voudrait bien encore lui donner de bons conseils pour élever son enfant.

De son côté, M. de Germancey s'ennuyait de ne pas voir sa jeune amie, et un soir il se rend au boulevard du Temple, en se disant :

— Allons savoir où en sont les amours de mon ancienne protégée !... plaise à Dieu que je ne la trouve pas aussi triste que la dernière fois.

Et comme s'il pressentait un malheur, le comte a le cœur serré en approchant de la place où se met habituellement Florentine. Le jour baissait, cependant il aperçoit bientôt la jeune marchande, il cherche à lire dans ses yeux l'impression qu'elle éprouve à sa vue. Mais, en apercevant celui qui fut son protecteur, Florentine a poussé un faible cri, puis elle cache sa figure dans ses mains.

— Eh! mon Dieu, mon enfant, ma vue vous est-elle donc si désagréable que vous cachiez vos jolis traits pour ne point me voir? dit le comte. S'il en est ainsi, je vais m'éloigner!

Pour toute réponse, Florentine tend une de ses mains au comte, qui peut alors voir une partie de son visage baigné de larmes, et entend sa douce voix qui lui crie :

— Pardon!... oh! de grâce, monsieur, pardonnez-moi et ne me méprisez pas trop.

M. de Germancey serre fortement la main qu'on lui tend :

— Moi, vous mépriser... oh! jamais, pauvre petite!... Mais pourquoi ces larmes... ces sanglots... pourquoi me demander pardon?... parce que vous êtes malheureuse... est-ce donc votre faute... Je devine que votre séductenr vous a trahie... abandonnée...

— Oui, monsieur, oui, il m'a abandonnée... lorsque moi je lui avais tout sacrifié... lorsque j'avais cru à ses serments, à sa promesse de me prendre pour femme... et je porte dans mon sein un gage de ma faiblesse, et c'est le jour que je lui ai appris que j'étais mère... c'est lorsque je réclamais sa parole, quand je le suppliais de donner un nom à son enfant, qu'il m'a abandonnée, qu'il m'a quittée brusquement... il y a quatre mois de cela, et depuis ce temps je ne l'ai pas revu, il ne m'a pas donné de ses nouvelles, je n'en ai pas entendu parler!

— Ah! c'est un misérable!...

— Et je ne sais rien... ni sa demeure... ni l'état qu'il faisait... il m'avait tout caché!... Cependant je dois avouer qu'il m'a forcée à accepter une bague que je crois très-précieuse... mais je ne m'y connais pas... un jour je vous la montrerai, monsieur. Ah! c'est tout ce que son enfant aura de lui!

— Croyez-moi, pauvre fille, oubliez ce lâche! oubliez-le entièrement... et conservez-vous pour l'enfant que vous portez dans votre sein... et qui sait!... il est peut-être heureux pour lui qu'il ne porte pas le nom de son père...

— Ah! monsieur, que vous êtes bon, vous me pardonnez... vous voudrez bien encore venir me parler quelquefois?

— Si je le voudrai! n'est-ce pas mon devoir! n'ai-je pas promis à votre mère de vous protéger? est-ce quand le malheur vous frappe que je dois vous abandonner...

— Ma pauvre mère... ah! si elle me voyait maintenant, elle rougirait de sa fille...

— Elle serait touchée de vos larmes, elle vous embrasserait en vous pardonnant; on peut être sévère pour empêcher une faute, mais, quand elle est faite, il faut en prendre son parti... du reste, il me semble que vous ne cherchez pas à la cacher...

— Oh! non, monsieur, je subis les moqueries, les méchants propos de beaucoup de gens... mais j'entends tout cela sans me plaindre, car je me dis : j'ai été fautive, il faut que j'en porte la peine...

— Du courage, pauvre enfant, il vous reste un ami qui ne vous abandonnera pas, lui.

— Oh ! merci, monsieur...

Le comte reste assez longtemps près de Florentine et ne la quitte qu'après lui avoir promis de la revoir bientôt. La marchande de pain d'épices le regarde s'éloigner en murmurant :

— Tiens ! est-ce que c'est ça le père?...

— Êtes-vous harpie ! répond Turlure ; vous le savez bien quel est le père, car vous en disiez assez sur le jeune homme, quand il venait jaser avec elle en ayant l'air d'acheter des oranges... et aujourd'hui vous faites semblant de soupçonner ce brave monsieur qui depuis si longtemps veille sur Florentine.

— Si c'est comm'ça qu'il veille ! merci, je ne lui donnerai pas mes lapins à garder !...

Le garçon de café Boursiquet interrompt cette conversation, en accourant présenter une contre-marque à Turlure.

— Mamz'elle !... tenez... c'est pour l'orchestre de la Gaité... Allez-y bien vite ! on donne un mélodrame superbe ! *La tour du Sud ou l'embrasement du château de Lowinska* ! J'espère qu'en voilà un titre séduisant !

— Ah ! merci, mon gros Boursiquet... Qui est-ce qu joue dans cette pièce-là ?

— Messieurs *Marty*, *Dumenis*, *Rivière*... et votre favoris *M. Révalard...*

— Tiens, il a donc déjà quitté la Porte-Saint-Martin... aime-t-il à changer de théâtre, cet être-là... Vous allez vous mettre là... Boursiquet... mais si on vous appelle à votre café?

— Ne vous inquiétez de rien, mamz'elle... je saurai faire marcher en même temps la demi-tasse et le chausson de pommes... mais dites donc... est-ce qu'elle est malade la marchande d'oranges... je la trouve maigre de visage et grossie par en bas... c'est pas naturel ça!

— Qu'il est bête ce Boursiquet!... à son âge... il n'y voit que du feu!... je vais me dépêcher, je reviendrai dans l'entr'acte.

La petite blonde a rajusté son bonnet, et elle court au théâtre de la Gaîté. Le garçon limonadier est installé depuis deux minutes à peine à la place de Turlure, lorsqu'on appelle à grands cris : Boursiquet! holà, Boursiquet!

— On vous appelle à votre café, lui dit Florentine, allez à votre ouvrage, je veillerai sur la marchandise de Turlure. Boursiquet a beaucoup de peine à se décider; il ne quitte qu'à regret les chaussons de pommes.

Pauvre garçon! se dit Florentine, il aime véritablement Turlure... et elle ne l'aime pas!... est-ce donc toujours ainsi, et faut-il qu'on ne soit pas payé de retour quand on a donné son cœur?

Un jeune gamin, toujours aussi mince, aussi maigre et aussi fluet, le petit Beaulard accourt à la boutique de Turlure et choisit un des plus gros chaussons de pommes en s'écriant :

— Ah ! je vais me régaler, moi, ce soir, ça ne m'arrive pas souvent ! mais dame ! aujourd'hui j'ai eu une bonne aubaine... quinze sols ! un Anglais qui m'a donné à moi une pièce de quinze sous ! parce que je lui ai expliqué le portrait du fameux *Chinderhannes !...*

— Tiens, c'est le petit *Curtius !* dit la Rouflard, tu fais donc voir des choses superbes à c't'heure?

— Oui, depuis huit jours nous avons la foule, parce que nous montrons *Chinderhannes!*

— Qu'est-ce que c'est donc que ça *Chinderhannes* .. en voilà un nom qui sent la choucroute !

— C'est cet horrible brigand... le chef des chauffeurs... qui heureusement a été pris et exécuté, il y a un mois. Il paraît que son vrai nom était *Jean Buckler*, Chinderhannes était un nom de guerre; il travaillait dans le Midi, il avait avec lui une bande très-nombreuse, et malheureusement on n'a pas pu prendre toute la troupe !...

— Et comment ton M. Curtius a-t-il fait pour avoir le portrait de ce brigand-là?...

Le petit Beaulard se met à rire en répondant :

— C'est pas bien malin ! nous avions un poëte, un M. Corneille qui ne servait pas, M. Curtius l'a habillé en brigand, lui a mis de la barbe et de longues moustaches noires... ça fait un Chinderhannes effrayant !

— Merci... il est gentil ton bourgeois... allez donc voir ses figures pour avoir une idée du personnage !

— Ce qu'il y a de bon, c'est que l'Anglais a pris du papier, un crayon et a copié le visage de notre Chinderhannes, en disant : Je le ferai voir en Angleterre... mais je me sauve... je retourne à ma boutique.

— Tu vas t'en donner avec tes quinze sous !

— Oh ! les treize sous qui me restent seront pour ma mère !... j'ai dépensé deux sous... c'est bien assez !

Le jeune garçon s'est éloigne avec son chausson, après avoir donné deux sous à Florentine, et celle-ci, qui l'a écouté avec une émotion dont elle ne se rend pas compte, le suit des yeux en se disant :

— Brave garçon... comme il aime sa mère... on peut donc être heureuse par ses enfants !..

XVI

LE BAPTÊME — LA BAGUE

Le temps s'écoulait, et Florentine approchait du terme de sa grossesse. M. de Germancey revenait comme autrefois causer souvent avec la jolie marchande; il tâchait de la consoler avec de bonnes paroles pleines de raison et d'amitié.

Quelque chose tourmentait Florentine : elle se demandait qui voudrait être le parrain de son enfant dont le père serait inconnu. Elle n'avait pas encore osé parler de cela à son protecteur, et cependant ce n'était plus qu'à ui qu'elle pouvait demander des conseils.

Un jour qu'elle semblait plus triste encore qu'à l'ordinaire, le comte, qui lisait souvent dans sa pensée, lui dit :

— A propos, ma chère amie, voilà le moment de votre délivrance qui approche, et vous ne m'avez pas encore dit qui vous aviez choisi pour être le parrain de votre enfant?

En entendant ces mots, Florentine laisse éclater des sanglots et balbutie :

— Hélas! je n'en ai pas, monsieur, et qui donc voudrait donner un nom à cette pauvre créature abandonnée par son père?

— Qui? eh! moi, par Dieu! moi, qui serai son protecteur comme j'ai été celui de sa mère!

— Vous! vous, monsieur! il se pourrait... vous consentiriez!... Ah! je vous remercie, monsieur, vous me rendez bien heureuse... je ne puis vous exprimer toute la joie que je ressens... vous le parrain de mon enfant... ah! je ne pleurerai plus, monsieur, vous me faites oublier tous mes chagrins.

Dans sa joie, la jeune mère prend les mains du comte, elle veut les porter à ses lèvres, ce n'est pas sans peine qu'il parvient à l'en empêcher. Quand il a réussi à modérer les transports de sa reconnaissance, il s'écrie :

— Maintenant il ne s'agit plus que de me trouver une commère; avez-vous une marraine en vue, mon enfant?

— Mon Dieu non, monsieur, j'étais si triste quand je voyais arriver ce moment-là... je n'osais pas faire de projets!... cependant il y a bien quelqu'un... oh! mais je n'oserais jamais vous la proposer pour commère...

En disant cela, Florentine jetait des regards du côté de sa voisine Turlure, qui était justement à sa place.

— Osez donc... osez, mon enfant, reprend le comte, nous ne sommes plus fiers nous autres... nous aurions mauvaise grâce à l'être aujourd'hui !... et d'ailleurs je ne l'ai jamais été, moi, je n'ai de tout temps méprisé que les fripons.

— Eh bien, monsieur... j'ai là... près de moi... une voisine... Turlure... c'est une bien bonne fille, qui m'a toujours montré de l'amitié et pris mon parti contre les mauvaises langues... qui tâche de me consoler quand elle me voit pleurer... mais elle vend du sucre d'orge et des chaussons de pommes !..

— Eh bien, quel mal y a-t-il à cela ?... elle vous a prouvé son amitié, voilà le principal... est-ce cette petite blonde... ce petit minois chiffonné qui sourit toujours ?

— Oui, monsieur, c'est elle...

— Je ne serai pas du tout fâché d'avoir une commère si gentille...

— Ah ! que vous êtes bon !... Turlure !... Turlure !... viens donc un peu nous parler !

La jeune blonde s'empresse de venir à Florentine, puis elle fait de grandes révérences au comte :

— Tu m'as appelée, voisine ?

— Oui, Turlure, tu me vois bien contente, va ! c'est monsieur, mon protecteur dont je t'ai parlé si souvent... M. le comte de Germancey qui veut bien être le parrain de l'enfant que je vais avoir...

— Monsieur... oh ! je comprends que tu sois contente... maintenant tu ne pleureras plus si souvent, j'espère !

— Oh ! non, je sens que je puis encore être heureuse... mais ce n'est pas tout... monsieur veut bien... me laisser le choix de la marraine... et c'est toi que j'ai choisie... en es-tu bien aise ?...

— Moi ! moi ! la marraine... avec monsieur !...

Et dans sa joie, Turlure saute en s'appuyant sur l'étalage et manque de renverser toutes les oranges.

— Si je suis bien aise... être marraine avec monsieur... quel plaisir... un si grand honneur...

— Ne parlons pas d'honneur, mon enfant, dit le comte. Vous aimez bien Florentine, moi j'ai pour elle la tendresse d'un père... elle ne pourrait donc mieux choisir pour tenir son enfant sur les fonts...

— Ah ! monsieur, soyez tranquille, je me ferai bien belle, j'ai un joli déshabillé, un beau bonnet à rubans... des petits souliers tout neufs...

— Ne vous inquiétez pas de votre toilette, mademoiselle Turlure, je vous trouverai toujours très-bien...

— Monsieur sait mon nom... ah ! que c'est gentil ! monsieur sait mon nom !...

— Allons, Turlure, sois sage, maintenant, remercie encore monsieur, et retourne à ta place...

— Oui... oui... oh ! c'est la Rouflard qui va enrager que je sois marraine avec monsieur... ah ! je suis d'une joie... Au revoir, monsieur, en vous remerciant, monsieur...

— Au revoir, ma future commère.

— Ah ! vous êtes bien bon ! ah ! si je ne me retenais, je danserais sur le boulevard !...

Le comte ne tarde pas à quitter aussi Florentine, qu'il laisse tout autre qu'elle était à son arrivée, il faut quelquefois si peu de chose pour changer notre humeur, pour jeter du rose sur notre avenir.

Plusieurs semaines s'écoulent encore, et, jusqu'au dernier moment, la jolie marchande veut venir vendre sur le boulevard, car elle trouve que sa santé en est meilleure. Mais un soir, en allant voir sa protégée, le comte voit sa place vide, et Turlure accourt lui dire :

— Monsieur, c'est fini, de ce matin huit heures... c'est une fille, monsieur, une fille bien mignonne, mais bien gentille... la mère et l'enfant se portent à ravir.

— Très-bien, et puis-je aller voir l'accouchée ?

— Certainement... elle sera bien contente de vous faire voir son enfant... Oh ! allez-y, monsieur... Et puis vous prendrez jour, vous fixerez le moment... vous savez pourquoi, monsieur ?

— Assurément, et je suis tout prêt, moi...

— Oh ! moi aussi... Il ne faut pas tarder, parce que le médecin a dit à Florentine qu'elle ne pouvait pas nourrir, et puis que son enfant serait mieux portant à la campagne que s'il restait à Paris... Alors on lui fait venir une nourrice... Il y a une brave dame de la maison de Florentine qui connaît une paysanne des environs de Corbeil qui nourrit les enfants, qui deviennent gros comme des pâtés... on lui a écrit tout de suite...

— C'est fort bien vu. Je vais chez Florentine, et, si cela lui convient, demain nous ferons le baptême...

— Oh! oui, monsieur, demain, ma toilette est toute prête, d'abord ....

— Ah! il est d'usage qu'on aille prendre la marraine... où demeurez-vous?

— Non, monsieur, Je ne veux pas que vous veniez chez moi... oh! par exemple, c'est trop vilain chez moi... Vous me trouverez toute prête chez Florentine, à l'heure que vous aurez choisie.

— Comme vous voudrez... je vais voir l'accouchée.

— Vous savez son adresse, monsieur?

— Oui, elle me l'a donnée: à demain, ma commère!

— A demain, mon... Oh! je n'oserai jamais vous appeler mon compère!

M. de Germancey trouve Florentine couchée dans un lit bien blanc, bien propret, et près d'elle est son enfant déjà enveloppée avec coquetterie.

La jeune mère montre avec ivresse sa fille au comte, en lui disant:

— Tenez, monsieur, la voilà, votre filleule... voyez comme elle est gentille... il me semble qu'elle vous sourit déjà... Oh! embrassez-la, monsieur... cette pauvre petite qui vous aimera, vous respectera comme je le fais...

Le comte embrasse la petite fille, qui annonce en effet devoir être fort bien, puis il la replace près de sa mère, en disant:

— Avez-vous pour elle un nom de prédilection?

— Non monsieur... et je ne veux pas que ce soit Turlure, je veux que ce soit vous qui lui en donniez un.

— Eh bien ! si vous le permettez, je l'appellerai... Honorine.

— Honorine !... oh ! oui, il est bien joli, ce nom là... et puis il vous rappelle... une personne que vous aimiez tant !...

Le comte détourne la tête pour cacher l'impression que lui cause ce souvenir : Florentine se hâte de reprendre :

— Hélas ! monsieur, j'espérais nourrir mon enfant, mais je ne le puis pas ! le médecin a dit que mon lait ne serait pas bon, que d'ailleurs l'air de la campagne était nécessaire à ma fille... Ma fille !... oh ! que je suis heureuse quand je dis cela ! alors, monsieur, quoique ça me fasse bien de la peine de me séparer d'elle, je me suis décidée... Madame, que voilà et qui veut bien être ma garde, connaît une excellente nourrice... qui demeure tout contre Corbeil, ce n'est pas loin d'ici ; elle lui a envoyé son garçon, qui a quinze ans et qui nous l'amènera demain... J'ai bien fait, n'est-ce pas, monsieur ?

— Oui, ma chère amie, la santé de votre enfant avant tout ! Et à quand le baptême?...

— Dame... si vous vouliez demain, monsieur ?

— Très-volontiers !

— Demain, sur les deux heures, cela ne vous dérangera pas, monsieur ?

— Nullement, je n'ai pas d'emploi, moi, je n'ai rien à faire.

— Turlure viendra tantôt, je la préviendrai.

— Je viens de la voir... Oh ! elle sera prête

— Alors, c'est décidé, demain à deux heures, n'est-ce pas, monsieur... Vous serez le parrain de ma fille, ô merci, monsieur, merci encore, et pour elle et pour moi.

M. de Germancey embrasse encore une fois la petite Honorine, puis il part pour s'occuper des emplettes que nécessitent les nouvelles fonctions qu'il va remplir.

Le lendemain, à l'heure dite, le comte arrivait en voiture devant la maison de Florentine ; il trouvait chez l'accouchée tout le monde réuni. Après avoir remis plusieurs boites de dragées à la jeune mère, il en donnait autant à la marraine et y joignait une douzaine de paires de gants, car les gens comme il faut, même lorsqu'ils ne sont plus riches, trouvent toujours le moyen d'être fidèles aux bonnes traditions. La courtoisie et la galanterie sont aux gens bien nés comme l'accent du pays, que l'on ne perd jamais entièrement.

Mademoiselle Turlure est superbe, elle est si heureuse, qu'elle n'ose pas parler ; elle a presque l'air raisonnable, cependant elle ne peut retenir quelques exclamations de joie en recevant les gants et les dragées.

La voiture emmène tout le monde. Florentine a suivi des yeux sa fille dont elle a déjà de la peine à se séparer, et au fond de l'âme elle se réjouit de ce que la nourrice n'est pas encore arrivée ; elle aura plus longtemps son enfant auprès d'elle.

Les deux cérémonies s'accomplissent à la mairie et à l'église.

En donnant à sa filleule le nom d'Honorine, le comte se dit en lui-même :

— Pauvre petite ! puisses-tu être plus heureuse que cette Honorine que j'adorais et dont je te fais porter le nom.

On est revenu chez l'accouchée, qui se fait rendre sa fille. Mais bientôt le fils de la garde revient avec une bonne grosse paysanne, dont la figure fraîche et réjouie respire la santé et la gaieté. C'est la nourrice, la femme Chausseux. Et Florentine la regarde presque avec jalousie en songeant qu'elle va lui prendre sa fille. Mais ce sentiment ne tarde point à se dissiper lorsqu'elle voit avec quelle avidité la petite Honorine prend le sein que la paysanne lui présente. Pour une bonne mère, la santé de son enfant doit passer avant tout ; et puis madame Chausseux demande à se reposer un jour à Paris, elle ne repartira que le surlendemain. On aura donc le temps de s'assurer si elle sera bien bonne, bien complaisante pour Honorine.

M. de Germancey a embrassé sa filleule, puis il est parti, après avoir fait son cadeau à la nourrice, dont la mine franche et réjouie lui plaît beaucoup, et encore reçu les remercîments de Turlure et les bénédictions de Florentine, à laquelle il promet de revenir bientôt.

Pendant toute la journée, Florentine ne perd pas de vue sa fille, que la nourrice a déjà l'air d'aimer aussi.

— C'est mignon ! c'est délicat ! dit la mère Chausseux en examinant l'enfant, eh ben ! soyez tranquille, je parie que je vous ramènerai un pâté ! Ah ! c'est que l'air est bon cheux nous, et les enfants y poussent comme des champignons !

Florentine ne tient pas précisément à ce que sa fille devienne un pâté, mais elle aime à penser qu'elle se développera bien chez sa nourrice; d'ailleurs celle-ci ne demeure pas loin de Paris; en quelques heures on peut être chez elle, et la jeune mère se promet bien d'aller plus d'une fois chez madame Chausseux.

Enfin la nourrice est partie avec la petite Honorine. Florentine a beaucoup pleuré en embrassant sa fille. Puis elle se raisonne, et elle écoute Turlure qui lui dit :

— Si tu te fais du chagrin, tu te rendras malade, et alors tu ne pourras pas aller voir ma filleule, et c'est moi qui irai sans toi.

Quatre jours se sont écoulés depuis que sa fille est partie, et Florentine voudrait déjà retourner vendre ses oranges, car à présent elle pense à gagner de l'argent, à en mettre de côté ; mais le médecin lui a ordonné de garder encore la chambre deux jours. C'est donc avec un vif plaisir qu'elle voit arriver chez elle M. de Germancey ; car avec lui elle pourra encore parler de sa fille.

Le comte écoute avec sa bonté ordinaire tout ce que la jeune mère lui conte, tous ses projets pour l'avenir de son enfant ; il fait prendre patience à la convalescente, qui voudrait déjà quitter son fauteuil et partir, il lui fait comprendre que sa santé est aussi précieuse à sa fille qu'à elle-même, puisque la petite Honorine ne recevra pas de caresses de son père.

— Son père ! murmure Florentine, oh ! c'est bien fini,

il nous a abandonnées pour toujours... Mais à propos, monsieur, je ne vous ai pas encore montré ce bijou... cette bague qu'il m'a donnée... je suis bien aise que vous la voyiez et que vous me disiez si c'est précieux... moi, je ne connais rien aux pierreries, et cependant celles-ci m'ont l'air d'être bien belles...

— Montrez-moi votre bijou, ma chère amie, jadis j'en achetais souvent, je vous dirai à peu de chose près sa valeur.

La jeune femme se penche vers une commode, ouvre un tiroir et y prend une petite boîte en carton, dans laquelle le bijou que son amant lui avait donné était serré sur du coton. Elle présente la bague au comte. Celui-ci, en la regardant, pousse un cri de surprise, puis il change de couleur, son émotion est telle, qu'il tremble en prenant la bague qu'il examine avec anxiété.

— Mon Dieu! qu'avez-vous donc, monsieur? dit Florentine, la vue de ce bijou vous a tout bouleversé... Que vous rappelle-t-il donc?

— Cette bague... oh! oui... c'est elle... je la reconnais... et tenez... sous le chaton, deux lettres doivent être gravées... oui... oui... les voilà... un peu effacées... mais on les distingue encore... regardez... regardez...

— Tiens, c'est vrai, je n'avais jamais regardé en dedans, moi... il me semble que c'est une H et...

— Et une S... son chiffre... Honorine de Sauvigné...

— Oh! mon Dieu, monsieur, que me dites-vous là... cette bague...

— A appartenu à mademoiselle Honorine de Sauvigné, je dois bien la connaître, c'est moi qui lui en avais fait présent peu de temps avant l'arrestation de son père ; nous étions déjà fiancés, et j'avais fait graver son chiffre dessus...

— Il serait possible !

— Ma chère Honorine était charmée de posséder ce bijou, qui lui plaisait plus que tous ceux qu'elle possédait ; elle ne quittait cette bague que bien rarement ou lorsqu'elle se baignait, alors elle la laissait dans sa chambre sur sa toilette. Un jour en rentrant dans son appartement, elle chercha en vain sa bague... elle avait disparu... et on ne la retrouva plus.

— On l'avait volée !

— Assurément.

— Et on ne trouva pas le voleur...

— Le marquis de Sauvigné avait beaucoup de domestiques à son service... on n'osa soupçonner personne de peur d'accuser un innocent !...

— Volée ! une bague volée... et comment a-t-elle pu se trouver entre les mains de Francisque ?

Le comte est quelque temps sans répondre, enfin il murmure :

— Depuis si longtemps, car il y a douze ans de cela !... ce bijou a pu passer par bien des mains !...

— C'est vrai... mais enfin, monsieur, est-ce qu'il est de quelque valeur...

— Ce sont de vrais diamants... des rubis... cette bague m'avait coûté quatre mille francs...

La jeune femme pâlit en répétant à demi-voix :

— Quatre mille francs... un objet d'une si grande valeur qu'il m'a donné... si facilement !...

M. de Germancey veut rendre la bague à Florentine, qui la repousse en disant :

— Gardez-la, monsieur... gardez-la... elle vous appartient bien plus qu'à moi... c'est vous qui l'avez achetée, qui en avez fait présent à cette pauvre demoiselle à qui on l'a volée... c'est bien le moins qu'elle vous revienne.

— Non, mon enfant, je n'ai pas le droit... et je ne veux pas accepter ce bijou... il appartient à votre fille... c'est peut-être tout ce qu'elle aura de son père !

— Une bague volée ! oh ! je vous réponds bien, monsieur, qu'elle ne la portera jamais !...

— N'importe, vous devez la conserver précieusement... mais si quelque jour vous éprouviez le besoin de vous en défaire... alors seulement, prévenez-moi... et il n'est point de sacrifices que je ne m'impose pour empêcher que ce bijou ne passe en d'autres mains. Jusque-là, je vous le répète, gardez cette bague, gardez-la comme une sainte relique !

— Vous le voulez, monsieur ?

— Oui, je le veux.

Florentine a resserré la bague ; mais elle reste triste, accablée ; et, de son côté, le comte semble sombre et rêveur, il ne tarde pas à quitter la jeune femme ; il est toujours préoccupé de la bague. Une affreuse pensée s'est présentée à son esprit, mais il la repousse avec effroi, en se disant :

— Non, ce serait trop horrible... et cependant cette bague avait été volée par ce Séverin, la suite a bien fait voir de quoi ce misérable était capable... et... cet amant de Florentine avait ce bijou... Ah! plaise au ciel que mes soupçons ne soient point fondés.

XVII

RÉPÉTITION GÉNÉRALE DU PIED DE MOUTON EN 1806

Trois années se sont écoulées sans qu'aucun événement remarquable soit arrivé aux principaux personnages de cette histoire. La petite filleule du comte s'élève bien, et, quoique d'une apparence mignonne et fort délicate, elle a parfaitement supporté ces premières maladies de l'enfance qui nous apprennent de bonne heure à souffrir, comme si nous ne devions pas nous y exercer assez dans le cours de notre existence. Mais tout n'est pas rose dans ce monde ! et il y a même des personnes qui arrivent au bout de leur carrière, sans en avoir cueilli une seule sur leur chemin.

Lorsque la petite Honorine avait eu deux ans, sa mère avait d'abord pensé à la reprendre avec elle, mais l'enfant était toujours délicat, la mère Chausseux en avait le plus grand soin, et l'air de la campagne est si bon, si préférable à celui d'une grande ville, que, cédant aux conseils du comte et de Turlure, Florentine avait consenti à laisser sa fille grandir et prendre des forces pendant quelque temps encore chez sa nourrice, où elle s'empressait d'aller l'embrasser et l'admirer toutes les fois que son commerce et ses économies le lui permettaient. Quant à celui qui l'avait rendue mère, elle n'en avait plus entendu parler ; elle s'efforçait de l'oublier ; elle ne parlait plus de lui, surtout au comte de Germancey, et, de son côté, celui-ci évitait avec soin, dans ses entrevues avec Florentine, de jamais lui parler de son séducteur.

Ces trois années n'avaient amené aucun changement dans la situation de Victor et de sa sœur : Maria n avait pas retrouvé son mari dans Paris, elle n'en avait eu aucune nouvelle. Ce qui ne l'empêchait pas de vouloir rester dans une ville où elle était persuadée que celui qu'elle cherchait devait se cacher, seulement elle faisait de temps à autre le voyage de Rouen.

Lorsque Moucheron, ou plutôt Victor, allait voir sa sœur, il mettait les vêtements neufs dont il avait fait l'emplette, alors ce n'était plus le même homme : le jeune commissionnaire disparaissait pour faire place à un muscadin, qui n'avait pas mauvaise tournure et portait fort bien son nouveau costume ; ce changement était tel, qu'un jour le petit Beaulard, assis devant son spectacle de cire, n'avait jamais voulu reconnaître son ami, son camarade, dans le beau monsieur qui s'était arrêté devant lui et lui offrait une demi-tasse.

Le chevalier de Mérillac continuait d'être le sigisbé de madame Roberval, dont le mari s'enrichissait avec une promptitude extraordinaire. Ce monsieur avait maintenant voiture, chevaux, laquais, belle maison de campagne, ce qui ne l'empêchait point de voyager souvent et d'être toujours en quête de lettres de recommandation.

Le boulevard du Temple était plus que jamais le rendez-vous des amateurs de mélodrame, et le théâtre de l'Ambigu-Comique, alors fort bien dirigé par Corsse, qui était en même temps directeur, acteur, et quelquefois auteur, avait obtenu les plus beaux succès dans ce genre. La grande pièce n'était qu'en trois actes, et sans aucun tableau. Une seule petite pièce en un acte l'accompagnait. Les temps sont bien changés, dira-t-on, car aujourd'hui c'est à peine si six actes et vingt tableaux suffisent à l'appétit du public. Mais en cela nous ne faisons que revenir à ce que l'on voulait aussi avant la Révolution. Et un vieil amateur, en lisant l'affiche de l'Ambigu, qui n'annonçait que la *Fausse correspondance* et *Caroline et Storm*, s'écriait :

— Comment! voilà tout ce qu'ils donnent au public dans la soirée, mais on n'en a pas pour son argent! quand j'allais au spectacle jadis, on m'en donnait au moins trois fois autant! Je me souviens parfaitement d'être venu en l'année 1790 au théâtre des *Grands danseurs du Roi*, qui se nomme aujourd'hui la Gaîté... oui, c'était au mois de janvier, j avais mené ma femme au spectacle pour ses étrennes; eh bien, ce soir-là... voilà ce qu'on donnait : d'abord *l'Amour est de tout âge*, un petit acte fort gentil, ensuite : *les Visites du jour de l'an*, pièce de circonstance en deux actes; ensuite : *le Pari imprudent*, un acte; ensuite : *les Amours de Nicodème*, un acte mêlé de vaudeville; ensuite : *l'Enrôlement du Bûcheron*, pantomime en deux actes; ensuite *Richard Cœur-de-Lion*, en quatre actes, et enfin, pour terminer : *Pierrot, roi de Cocagne*, en trois actes avec des divertissements, et sans compter que, dans les entr'actes, en nous donnait différents exercices de danses!... total, sept pièces formant quatorze actes... A la bonne heure, cela peut s'appeler une belle affiche...

Ceux qui entendaient le vieil amateur étaient persuadés qu'il exagérait beaucoup; mais il n'en était rien, le vieux monsieur avait la mémoire exacte, et en lisant le *Moniteur* du 24 janvier de l'année 1790, on y verrait au théâtre des Grands Danseurs du Roi le spectacle tel qu'il venait de le citer.

Le Théâtre de la Gaîté, alors dirigé par Ribié, qui ainsi que Corsse était directeur et acteur, était bien loin d'obtenir la même vogue que son voisin, lorsque Martainville apporta à Ribié son fameux *Pied de mouton*.

Martainville, jeune alors, avait autant d'esprit que de gaieté, il ne s'occupait point encore de politique et n'avait pas la goutte.

Le Théâtre de la Gaîté faisait d'avance *mousser* sa féerie, si bien que sur le boulevard du Temple il n'était question depuis quelque temps que du *Pied de mouton*, et le soir de la répétition générale, c'était à qui obtiendrait la faveur d'y assister.

On doit penser que mademoiselle Turlure avait fait tout son possible pour obtenir une telle faveur ; car, pour une personne qui aime à voir les acteurs de près, une répétition a cent fois plus d'attrait qu'une représentation, où l'on fait tout simplement partie du public, tandis que, dans l'autre cas, on a l'air de faire partie du théâtre.

Grâce à l'acteur *Duménis*, Turlure est introduite dans la salle, elle se glisse à l'orchestre, n'ayant pas assez de ses deux yeux pour regarder ces messieurs et ces dames qui se promènent sur la scène avant que l'on ne commence, ou qui causent avec des personnes placées aux loges et au balcon.

Ribié, qui était aussi un homme d'esprit, avait des idées assez originales.

Presque toujours une répétition subissait une foule d'interruptions. L'artiste n'était pas à sa réplique, les figurants n'entraient pas à temps, quelquefois même c'était le souffleur qui s'était absenté de son trou, souvent c'était des musiciens de l'orchestre qui n'étaient plus à leur pupitre ; tout ce monde là n'était pas bien loin; il revenait vite, mais la pièce n'avait pas moins été interrompue et l'effet était manqué.

En vain le directeur avait fait afficher au foyer des acteurs qu'il y aurait une amende pour quiconque quitterait le théâtre lorsque la répétition serait commencée ; malgré cet avertissement, on s'esquivait en cachette en se flattant d'être revenu à temps pour son service, et l'on arrivait toujours trop tard.

Pourquoi donc ce besoin de quitter les coulisses, de descendre bien vite dans la rue Basse-du-Temple, lorsque, sans quitter les mille et un détours du sérail, on pouvait satisfaire à ses plus urgentes nécessités ?

Hélas ! faut-il le dire... c'est affligeant pour les artistes mais on était en 1806, depuis ce temps-là les choses se sont bien améliorées... tandis qu'alors le Théâtre de la Gaîté se ressentait encore de son origine : *les Grands danseurs du Roi*.

Il y avait un petit cabaret dans la rue Basse, en face de l'entrée du théâtre, et c'était pour aller rendre une petite visite au marchand de vin, que tantôt l'un, tantôt l'autre... quelquefois plusieurs en même temps, quittaient les planches sournoisement. Nous n'avons pas besoin de dire que les dames ne suivaient pas le mouvement ! Cependant, parmi les figurantes, il y avait aussi parfois des absentes, mais celles-là ne disparaissaient pas pour boire, fi donc ! elles revenaient toujours en mangeant.

Ribié, s'étant assuré du motif des absences, s'était dit :

— Il faut que je mette ordre à cela... certainement ce ne sont pas mes premiers sujets qui vont chez le marchand de vin... mais enfin, puisque la soif est un besoin auquel on ne saurait résister, il ne s'agit que de procurer à mes employés le moyen de le satisfaire sans quitter le théâtre.

Ce moyen, le directeur l'avait trouvé, et à la répétition générale du *Pied de mouton*, tous les artistes virent avec surprise deux garçons tonneliers rouler une feuillette de vin sur le théâtre, cette feuillette fut placée et calée sur un buffet, tout au fond de la scène; le robinet y était adapté et faisait face au public, afin que personne ne pût se glisser derrière pour boire sans être vu; des verres furent rangés des deux côtés de la feuillette.

Tous les figurants et comparses poussèrent des cris d'admiration, on applaudit le directeur, on le complimenta sur son idée, Martainville en rit beaucoup et fut le premier à aller faire tourner le robinet; après avoir vidé son verre, il s'écria :

— Pas mauvais, ma foi, pour du vin d'accessoire !

— Messieurs, dit le directeur, cette feuillette est à votre disposition, usez-en, mais n'en abusez pas!

— Nous le jurons, s'écria un chef de comparses, qui n'avait jamais dit que ces trois mots dans les pièces où il avait parlé, et que pour cette raison on n'appelait plus que : *Nous le jurons !*

Quant à Turlure, elle était persuadée que la pièce de vin était un des trucs de la féerie, et s'attendait toujours à voir un diable ou un amour sortir du tonneau.

La répétition commence : grâce à l'expédient employé par le directeur, le premier acte marche très-bien, personne ne s'était absenté. A la vérité, on allait souvent visiter la feuillette, les figurants y faisaient queue pendant les scènes où l'on n'avait pas besoin d'eux ; quelques acteurs ne dédaignaient pas non plus d'aller s'y rafraîchir, et l'auteur leur donnait l'exemple, si bien que Ribié lui dit :

— Tu bois souvent, Martainville !

— Oui, est-ce que cela te contrarie ?

— Non, mais je crains seulement... si nous avions quelque changement à faire à la pièce...

— Sois donc tranquille ! je trouve la pièce très-bien comme elle est. C'est peut-être l'effet de ton vin. Mon cher, si tu pouvais demain griser ton public, tu aurais un succès fou !...

— C'est un essai à tenter... pour la province. Allons, mes enfants, voilà un premier acte qui a été parfaitement... passons au second.

Le rôle de Gusman était rempli par Marty, qui commençait alors sa réputation ; un vieil acteur nommé *Genest* faisait le tuteur ; Duménis était excellent de naïveté et de naturel dans son rôle de Nigaudinos ; enfin *Léonora* était représentée par une assez jolie femme nommée madame *Picard.*

Le second acte marchait sans encombre, les machines fonctionnaient bien. Seulement M. *Nous le jurons !* chargé de conduire les alguazils qui doivent arrêter Gusman, manque son entrée, parce qu'il était occupé à la feuillette, où il courait dès qu'il n'était pas en scène. Le directeur avait remarqué la conduite de son employé, qui semblait s'être promis de ne rien laisser dans le tonneau. Il donne une semonce à son utilité, et lui défend de retourner à la buvette avant la fin de la répétition. L'utilité répond : *Nous le jurons !* et disparaît cependant dès qu'il peut quitter la scène, mais on ne le revoit pas devant le robinet.

La répétition se poursuit; cependant, au milieu du dernier acte, une décoration qui ne veut pas disparaître quand il le faut, oblige de suspendre la répétition.

— Parbleu! c'est le cas d'aller se rafraîchir, dit Martainville, en entraînant du côté de la feuillette Nigaudinos, qui se laissait volontiers entraîner.

Ces messieurs arrivent devant la petite pièce de vin, ils tournent le robinet, mais rien ne vient plus.

— Comment! déjà vide! s'écrie Martainville, c'est bien singulier, tout à l'heure il coulait fort bien.

La chose ne paraît pas naturelle, et Ribié, qui depuis quelque temps n'apercevait plus *Nous le jurons* dans les coulisses, se penche pour regarder derrière le buffet; il aperçoit alors son comparse, accroupi derrière le tonneau, dans lequel au moyen d'une vrille il avait pratiqué un trou beaucoup plus bas que le robinet, et recevant dans une cruche tout le vin qui s'échappait par ce trou.

— Voilà un truc qui n'est pas le plus mauvais de la pièce, dit Martainville en éclatant de rire.

Ribié, furieux, voulait mettre *Nous le jurons* à la porte de son théâtre; mais l'auteur demande sa grâce en faveur de son invention, et elle lui est accordée, à condition qu'il remettrait sa cruche, qui était pleine, à la disposition de ses camarades.

Puis on reprend la répétition, qui se termine sans autre incident. On sait quel succès obtint ensuite la pièce. Le *Pied de mouton* rétablit les affaires de Ribié et ramèna la foule au théâtre de la Gaîté.

Quant à M. : *Nous le jurons!* nous ignorons quelle

fut sa destinée, mais nous n'en sommes pas inquiet, avec le nom qu'il portait, et par toutes les révolutions qui se succédèrent en France depuis cette époque, un homme qui disait toujours : Nous le jurons! devait nécessairement faire son chemin.

XVIII

UN VOYAGE EN COUCOU

Une maladie qui sans être grave avait beaucoup affaibli Florentine, l'avait depuis plusieurs semaines empêchée d'aller embrasser sa fille. Elle recevait souvent de ses nouvelles, toutes lui annonçaient que la petite Honorine continuait de se bien porter et d'être aussi aimable que gentille, mais, pour une mère, il n'y a de certain que ce que l'on voit.

Aussi, un soir que M. le comte de Germancey était allé voir comment allait sa chère protégée, Florentine avait répandu des larmes en lui disant :

— Je ne serais plus malade, monsieur, si je pouvais

embrasser ma fille! Six semaines sans la voir! c'est affreusement long; j'espérais aller demain chez la mère Chausseux, mais le médecin vient positivement de me le défendre, il prétend que, si je sors avant huit jours, je retomberai malade et qu'il ne répond plus de moi! Je n'ose lui désobéir, car il faut bien que je me conserve pour ma fille... Turlure m'avait promis d'aller la voir... mais elle vient de se donner une entorse... Tout se réunit pour m'affliger.

— Eh bien, dit le comte, je veux vous consoler... je veux aller moi-même m'assurer de la santé de ma filleule, et j'espère que vous ajouterez foi à ce que je vous dirai...

— Quoi! monsieur... il serait possible... vous iriez voir ma fille!...

— Oui, ma chère amie, il y a longtemps que j'en avais le projet... les circonstances m'en ont empêché, car, de mon côté, je cherche depuis quelque temps deux personnes qui m'intéressent beaucoup... et sur lesquelles je ne puis obtenir aucun renseignement!

— Ah! monsieur! que vous me rendez heureuse! que je suis contente! et quand irez-vous voir ma fille?

— Mais pas plus tard que demain... le temps est beau, nous sommes en juin!... ce sera pour moi une charmante partie de campagne!... Il est probable que Mérillac viendra avec moi; il me proposait hier de m'emmener à Versailles... mais Versailles n'a plus d'attrait pour moi, au lieu de cela, moi, je le mènerai à Corbeil.

— Ce n'est pas tout à fait à Corbeil, monsieur, c'est un petit village qui est avant, entre Corbeil et Champrosey...

tout contre la forêt de Senart; c'est à la Faisanderie, le père Chausseux, laboureur...

— Soyez tranquille, je trouverai bien... seulement y a-t-il des voitures qui vont par là?

— Oui, monsieur, au Petit-Saint-Martin, dans la rue Saint-Martin, il y a des voitures qui vont à Corbeil et vous déposent en chemin où vous voulez...

— Voilà qui est parfait. Demain, ma chère Florentine, j'embrasserai ma filleule...

— Et quand reviendrez-vous, monsieur?

— Mais comme c'est loin... si ces bons villageois ont un lit à nous offrir, nous pourrons bien coucher chez eux et ne revenir que le lendemain matin.

— Oh! oui, monsieur, couchez-y, vous verrez plus longtemps ma fille, vous me direz si elle ne manque de rien...

— C'est entendu; au revoir, ma chère Florentine, après-demain je vous apporterai de bonnes nouvelles de ma filleule.

M. de Germancey quitte Florentine. Il sait où trouver son ami Mérillac, et va lui proposer la partie de campagne pour le lendemain. Le chevalier accepte, et l'on se donne rendez-vous pour se trouver à neuf heures du matin au Petit-Saint-Martin.

Le soleil du lendemain promet un temps superbe, mais une journée aussi chaude que si l'on était en août. Les deux amis sont exacts et arrivent à neuf heures dans la grande cour d'où partaient plusieurs voitures pour les environs de Paris.

Le comte s'informe de la voiture de Corbeil, et on lui répond qu'elle est partie à huit heures du matin.

— Diable... j'avais oublié de demander l'heure de son départ... fâcheux contre-temps !

— Voilà notre partie remise à un autre jour! dit Mérillac...

— Oh ! non, car j'ai promis à cette pauvre mère de lui rapporter demain des nouvelles de sa fille, et je partirai aujourd'hui... dussé-je faire le chemin à pied !

— Onze lieues je crois... merci ! c'est un peu long !

— Voyons, monsieur l'hôtelier, est-ce qu'il ne partira pas aujourd'hui une autre voiture pour Corbeil?

— Non, monsieur, pas aujourd'hui, mais il en partira une pour Draveil... de là à Champrosey, il n'y a qu'une lieue et demie, et de Champrosey à Corbeil à peu près autant...

— Très-bien, voilà notre affaire, nous allons en voiture à Draveil, et nous ferons le reste du chemin en nous promenant... cela va-t-il, Mérillac?

— Tout ce que vous déciderez m'ira !

— Voilà qui est arrangé, et votre voiture pour Draveil, quand part-elle?

— A midi, monsieur...

— C'est bien tard... vous ne pourriez pas partir avant?

— Impossible, monsieur, il y a quatre place de retenues, et les voyageurs ne viendront que pour midi.

— Combien donc tient-on dans votre voiture?

— Six, monsieur... vous la compléterez...

— Six, et combien de chevaux?

— Un seul... c'est bien assez pour six personnes et le cocher et un lapin quand on en trouve...

— Ah! je comprends... c'est un coucou que votre voiture?

— Oh! *non*, monsieur, c'est une jolie voiture!

Mérillac riait d'avance à l'idée de voyager en coucou. Ces messieurs payent leurs places, et entrent dans un café du voisinage, pour tuer le temps en faisant une partie de billard. Mais à onze heures et demie ils retournent au Petit-Saint-Martin.

— Si du moins nous pouvions avoir quelque jolie paysanne pour compagne de voyage, dit le chevalier en entrant dans la salle d'attente, où il n'y a encore personne.

— Allons donc voir notre équipage...

Le comte ne s'était pas trompé, c'était un véritable coucou qui devait les voiturer, et le cheval, que l'on était en train d'atteler, était une malheureuse rosse effrayante de maigreur.

— C'est ce cheval-là qui doit nous conduire à Draveil?

— Oui, monsieur...

— Mais il ne pourra jamais y arriver... il crèvera en route.

— Oh! pas de danger, monsieur, vous ne connaissez pas Jovial!... il n'a pas l'air, mais, une fois au trot, il n'y a plus moyen de l'arrêter.

— Le fait est qu'il n'a pas du tout l'air d'un trotteur.

Ces messieurs retournent dans la salle basse, ils y trouvent une paysanne de la grandeur d'un grenadier et près d'elle un petit homme en blouse, en bonnet de coton, avec une casquette par-dessus, qui mord dans un énorme morceau de pain sur lequel est étalé du fromage de géromé, et en offre à chaque instant à sa compagne.

— Veux-tu un petit morceau, Chouchoute? dit le paysan en mettant son pain sous le nez de l'immense femme ; mais celle-ci repousse le pain, en disant :

— Mais non, puisque je n'ai pas faim... si j'avais faim, je te dirais j'ai faim... mais je n'ai pas faim !

— T'as tort! ce géromé est fièrement bon... il a bien du goût !

— Il faut espérer qu'il ne va pas nous empoisonner avec son fromage tout le long de la route ! murmure Mérillac en regardant l'homme à la casquette avec anxiété ; celui-ci, se méprenant sur la persistance avec laquelle le chevalier l'examine, lui présente sa miche de pain, en lui disant :

— Si monsieur en désirait une ou deux bouchées... c'est de bon cœur!

— Merci, mon brave homme, merci!... je suis comme madame... je n'ai plus faim.

— C'est dommage... sentez donc quel parfum...

— Oh ! ne l'approchez pas tant de moi... je le sens bien assez !... Est-ce que vous allez à Draveil ?

— Oui, monsieur, avec ma femme que v'là, pour vous servir...

— Ah! madame est votre femme... vous l'avez prise bien grande pour vous...

— Ça m'est plus commode... je monte sur elle pour cueillir nos cerises...

— C'est différent.

— Oui, je lui sers d'échelle, à mon petit Cadet... N'est-ce pas, Cadet, que tu m'as épousée pour que je te serve d'échelle?

Pour toute réponse, M. Cadet va remettre sa miche de pain sous le nez de sa femme, en lui disant :

— Goûtes-y un brin... tu m'en diras des nouvelles!

— Est-il entêté!... eh ben, monsieur, c'est comme ça en tout; c'est pas plus haut que mon genou, et il faut toujours que je lui cède.

En disant cela madame Cadet ouvre une bouche qui pourrait bien passer pour un four, et mord dans le pain et le fromage... où elle fait une énorme brèche, puis elle remue la tête d'un air satisfait, en disant :

— C'est vrai qu'il est fameux... il sent le marolle et le merlan!...

— Et encore ben autre chose!

Une nouvelle voyageuse entre dans la salle; c'est une bourgeoise campagnarde, de quarante à cinquante ans, qui n'a pas été mal. Cette dame est mise avec cette coquetterie de campagne qui croit que pour être élégante il faut se surcharger de parure. Ainsi elle a sur sa tête un bonnet garni d'une couronne de bluets, puis un chapeau de paille, et sous la passe du chapeau une couronne de muguet, puis en dehors, sur le chapeau, une couronne de roses : total, trois couronnes! C'est beaucoup! pour une personne seule.

Cette voyageuse, accorde un salut de protection aux époux Cadet, mais fait son sourire le plus gracieux au comte et à son ami, puis va s'asseoir sur un banc, en s'écriant :

— Je craignais d'être en retard... mais non, il n'est pas midi... au reste c'est mon habitude... je suis toujours en avance !...

— Si notre cheval pouvait se conduire comme cette dame, ce serait bien beau de sa part ! murmure Mérillac qui commence à perdre l'espoir de faire une conquête en route.

— Nous v'là presque au complet, dit madame Cadet, si nous pouvions n'être que cinq... j'aurais plus de place pour mettre mes jambes !

L'arrivée d'un sixième personnage fait évanouir l'espoir de la grande femme. C'est un monsieur qui entre dans la salle, tournure mixte, moitié paysan, moitié citadin, paletot noir râpé, pantalon idem, chapeau rond qui commence à devenir roux, souliers éculés, les mains sales comme le reste du costume.

— Tiens ! c'est Crotté ! s'écrie M. Cadet en apercevant le nouveau venu. « Bonjour Crotté... t'étais donc aussi à Paris... tu ne nous avais pas dit que tu y venais... farceur de Crotté ! il vient comme ça en sournois...

M. Crotté, qui pour mériter son nom avait trouvé moyen, quoiqu'il fît beau, de s'envoyer de la boue jusqu'à ses genoux, va serrer la main du petit homme, en disant :

— Bonjour, père Cadet !... madame Cadet, votre serviteur... Ah ! la rencontre est heureuse, autant qu'agréable !... Eh mais ! c'est madame Tribouillot que j'aperçois... pardon, belle dame, je ne vous avais pas dévisagée en entrant.

La dame, qui semblait offensée de ce que M. Crotté ne l'avait pas saluée la première, lui répond avec aigreur

— Il paraît qu'il y a des jours où vous êtes myope, monsieur Crotté !

— Non, belle dame, mais quand on entre dans une salle, on ne voit pas tout de suite tous *les ceux* et *les celles* qui sont dedans.

Se tournant alors vers le comte et son ami, M. Crotté leur fait un profond salut, puis se frotte les mains et reprend :

— Je suis venu à Paris pour un héritage... rien que ça !... un héritage *conséquent !*

— Tu dis toujours que tu vas hériter, toi, Crotté, et puis t'hérites pas !

— Oh ! cette fois c'est d'un oncle... je crois bien que ça ne peut pas m'échapper !...

— T'en es pas sûr... ton oncle n'est donc pas bien mort ?

— Si fait... mais il y a une demoiselle qui prétend qu'elle est sa fille... mais, moi, je m'y oppose !

— Tu ne veux pas que ton oncle ait eu des enfants?

— Il ne le pouvait pas !... j'ai su par feue son épouse, qu'il n'était pas perfectionné pour ça... du reste, c'est de famille... c'est dans le sang, c'est-à-dire ce n'est pas positivement dans le sang... c'est...

— Assez, monsieur Crotté, assez ! s'écrie madame Tribouillot. Vous entrez dans des détails qui manquent de chasteté!... mes oreilles répugnent à ce langage...

— Tiens, moi, j'aurais voulu savoir d'où venait son imperfection à ce cher monsieur! dit madame Cadet en riant :

Madame Tribouillot tire une tabatière, tout en disant :

— Mon Dieu... il règne ici une odeur... d'une force.

— C'est vrai, dit Crotté, ça m'a pris au nez en entrant c'est comme quand j'ôte mes chaussettes...

— C'est rien! c'est mon jéromé... il est fameux.

— En voiture, messieurs et dames! en voiture!

A cet avertissement du cocher, un mouvement général s'opère dans la salle. Madame Cadet et son mari s'empressent de courir à la voiture, où ils grimpent et se campent dans les places du fond. Madame Tribouillot montre moins de vivacité, elle r'arrange sa coiffure, puis son fichu, puis sa robe, et tout en se livrant à ces soins pour sa toilette, semble attendre que le comte ou son ami lui offre la main pour la conduire au coucou; mais comme ni l'un, ni l'autre ne bouge, elle se décide à s'y rendre seule.

Cependant M. Crotté est déjà sur le marchepied d'où il regarde dans l'intérieur en disant :

— Tiens, il n'est pas gêné, le père Cadet, il s'est mis au fond... mais c'est moi qui avais la place du fond...

— Eh ben, il y en a encore une... qu'est-ce qui t'empêche de t'y mettre...

— Et madame Tribouillot, qu'est-ce qu'elle dirait si elle n'avait pas le fond!... elle ferait de beaux cris...

— On la laisse crier... n'est-ce pas Chouchoute?

— Taisez-vous intrigant.

Pendant cette discussion, madame Tribouillot est arrivée devant le coucou et elle s'écrie :

— Voyons, monsieur Crotté, vous placez-vous... au lieu de rester en équilibre sur ce marche-pied, vous voyez bien que vous m'empêchez de monter...

— Excusez, belle dame, c'est la faute à M. Cadet qui a pris ma place au fond... où je tiens à être à côté de vous... voyons, papa Cadet, je veux ma place...

— Fait-il son crâne ! parce qu'il croit qu'il va hériter... tiens la v'là, ta place... mets-y-toi... je vas me placer devant Chouchoute, ça fait qu'elle pourra allonger ses genoux...

Le petit homme quitte le fond et se met sur la seconde banquette. Madame Tribouillot monte, s'assoit au fond et M. Crotté se précipite entre les deux dames, en murmurant :

— Je vais me faire si menu que vous ne me sentirez pas !

— Je l'espère bien, monsieur !

Le comte et son ami se placent sur la banquette de devant à côté de M. Cadet qui tient encore à sa main son morceau de pain et de fromage, mais le chevalier s'est assis à côté de lui en murmurant :

— Tu ne tiendras pas cela longtemps ! je te le promets !

En effet, au moment où la voiture part, Mérillac en ayant l'air de saluer quelqu'un avec son chapeau, envoie dans la rue le morceau de pain que le petit homme tenait hors du cabriolet. M. Cadet pousse un cri :

— Mon pain, cocher... mon pain qui est tombé !...

Mais le cocher qui a fouetté Jovial ne veut pas le retenir au moment où il va prendre son trot ; d'ailleurs Mérillac s'écrie :

— Ah ! monsieur, est-ce que vous mangeriez encore de ce qui est tombé dans le ruisseau ?

— Pourquoi pas... en l'essuyant ?

— Allons, mon homme, t'avais assez grignoté depuis ce matin... tu peux ben te reposer à c't'heure, soulève-toi un peu, que j'avance mes genoux...

— Nous voilà toujours débarrassés du jérome ! dit le chevalier à son ami. Maintenant je ne demande plus qu'une chose à la Providence, c'est qu'elle ne nous envoie pas un lapin.

Mais les vœux de Mérillac ne sont pas exaucés et au coin du boulevard, un petit monsieur fort gros, fort dodu, fait un signe au cocher, qui se hâte d'arrêter, enchanté d'avoir trouvé son lapin...

Ce dernier voyageur, d'un âge mûr, et dont la figure est aussi rebondie que le ventre, s'assoit, puis se retourne pour saluer les personnes qui sont dans l'intérieur de la voiture. Alors s'opèrent de nouvelles reconnaissances.

— Eh, c'est monsieur le docteur Brichet !

— Ah ! madame Tribouillot, enchanté de la rencontre... et cette santé est toujours florissante ?

— Mais non, monsieur Brichet, j'ai des douleurs.

— Ah ! mon Dieu... et où donc cela ?

— Un peu partout... mais surtout au bas des reins.

— Des frictions, madame, des frictions ! je ne connais que cela.

— Hé ! hé ! si madame voulait, je la frotterais bien, moi !...

— Monsieur Crotté, je vous ai déjà dit que je n'aimais pas les plaisanteries décolletées !...

— Tiens, c'est Crotté qui est là... je ne l'avais pas aperçu... il est enfoui sous les dames...

— Oui, monsieur le docteur, c'est moi...

— Madame Tribouillot, vous savez ce qui est arrivé à ce pauvre Cailleux, je pense...

— A Cailleux de Champrosey... mais non, je ne sais rien...

— Il a été volé, entièrement dévalisé, il y a deux jours, pendant qu'il était aux champs...

— Ah ! que me dites vous là !... et que lui a-t-on volé ?

— On peut pas lui avoir volé grand'chose à Cailleux, dit la grande femme, il n'a jamais le sou... je le connaissons ben...

— Madame, je vous demande bien pardon, mais on lui a pris deux fromages, qu'il avait confectionnés et son ânesse dont il vendait le lait !...

— Ah ! si on vole les ânes, je ne suis pas tranquille moi !

— Décidément notre pays devient très-dangereux, reprend madame Tribouillot ; il y a une bande de voleurs dans la forêt de Sénart, cela est certain...

— Ma fine! dit le père Cadet, je l'avons traversée l'autre our et j'étions pas à mon aise...

— Et la grosse Madeleine... la promise à Relupot, elle y a été attaquée... elle est rentrée cheux elle, la figure toute à l'envers!

— Qu'est-ce qu'on lui a pris?

— Elle n'a jamais voulu le dire!

Les deux amis écoutaient en souriant ces conservations; cependant M. de Germaucey dit au gros lapin qui est devant Mérillac :

— Monsieur, vous paraissez connaître fort bien ce pays?

— Parfaitement, monsieur, il y a vingt ans que je l'habite et ma sœur y a été en nourrice!

— Quand nous serons à Champrosey, serons-nous encore loin de la Faisanderie?

— Non... à trois quarts de lieues environ... en prenant par la forêt, il y a un petit sentier qui abrége de beaucoup... mais je ne vous conseille pas de le prendre...

— Pourquoi cela?

— Vous venez de l'entendre, monsieur, la forêt de Sénart n'est pas sûre...

— Elle est *infectée* de voleurs! dit Crotté.

— Oh! deux hommes ne craignent rien.

— Êtes-vous bien armé au moins?

— Ma foi non, j'avouerai que je ne possède pas la plus petite arme sur moi!

— Eh bien, j'ai plus de précaution que vous, mon cher,... et à tout hasard, j'ai mis ceci dans ma poche .

En disant cela, Mérillac sort de ses poches une paire de pistolets anglais fort élégants, mais qui font pousser des cris de terreur à madame Tribouillot, qui se renverse tout à fait sur Crotté, en criant :

— Ah ! monsieur, prenez garde ! des armes à feu dans une voiture... le moindre cahot va les faire partir... ah ! je vais me trouver mal !...

— Calmez-vous, madame, il n'y a aucun danger !... ces pistolets ne sont pas armés !...

— Oh ! c'est égal, des pistolets... si près de soi... ah ! que j'ai peur... monsieur, je vous en prie... mettez les canons de l'autre côté...

— C'est ce que j'ai fait, madame...

Mais alors M. Bréchet qui est assis devant le chevalier, paraît fort inquiet et tâche de garantir son derrière, en murmurant :

— Fichtre... les canons sont braqués sur moi d'après cela !... je ne trouve pas ma place agréable du tout... cocher, je demande à changer de place avec vous...

— Pas possible, monsieur, faut que je soye à droite pour conduire Jovial !... sans cela, je ne le tiendrais plus en respect...

— Monsieur, est-ce que vos pistolets sont chargés ?

— Assurément, monsieur, sans cela, à quoi me serviraient-ils ? si des voleurs se présentaient, je présume qu'ils n'auraient pas la complaisance d'attendre que j'aie chargé mes armes pour m'attaquer.

— Si vous les mettiez sous vos pieds, monsieur?...

— Non, non, s'écrie madame Tribouillot, pas sous les pieds... ils partiraient dans nos jambes... ce serait fort dangereux... ils sont bien comme ils sont.

— Vous trouvez, madame, mais, moi, je ne trouve pas qu'il soit agréable de savoir que j'ai les canons de deux pistolets chargés qui menacent mes... *mes clunes !*... je vais faire un voyage bien pénible !

En disant cela, ce monsieur qu'on appelait le docteur, met ses deux mains sur le bas de ses reins, puis les ôte vivement, puis se retourne, se remue, enfin ne reste pas un moment en repos. Le chevalier a pitié de son état, il lui touche le bras en lui disant :

— Monsieur, je crois que vous n'êtes pas enchanté d'être assis devant mes pistolets?

— Oh ! non monsieur... je ne vous cacherai pas que j'en sue... je suis tout en nage...

— Eh bien, prenez ma place et donnez-moi la vôtre, de cette façon mes pistolets ne menaceront plus que le cheval et si la peur peut lui donner des ailes, ce ne sera pas malheureux pour nous.

— Ah ! monsieur, j'accepte avec joie... je dirai plus avec reconnaissance... cocher, arrêtez un peu, que je change de place avec monsieur.

Le cocher arrête Jovial qui ne demande pas mieux.

L'échange de place se fait, à la grande satisfaction des campagnards.

Jovial a repris son petit trot, à grands renforts de coups de fouet.

— A quelle heure arrivez-vous à Draveil? demande M. de Germancey au cocher.

— Dame, monsieur, ça dépend! queuque fois à deux heures et demie, queuque fois à trois; c'est selon comme les jambes de Jovial sont en train!

— Il me semble qu'elles ne le sont guère aujourd'hui!

— Mais nous arrêterons à Villeneuve-Saint-Georges, il y prendra des forces... avec un quart d'avoine.

— Ma fine, et moi aussi! dit M. Cadet.

— Vous prendrez de l'avoine, père Cadet?

— Est-il malin, ce Crotté!... je prendrai un verre de vin... j'achèterai du pain et du fromage...

— Oh! non! murmure Mérillac, assez de fromage comme cela!... s'il en rapporte dans la voiture, je braque mes pistolets devant lui!

On arrive enfin à Villeneuve-Saint-Georges, où le cocher prétend que Jovial doit se reposer un quart d'heure, et une grosse demi-heure s'écoule avant qu'on ne se remette en route; il est trois heures lorsqu'on quitte cette station. On n'est plus loin de Draveil, mais la chaleur est accablante et c'est à peine si Jovial va au petit trot, la température exerce son influence sur les campagnards, le ménage Cadet dort depuis longtemps, madame Tribouillot ferme les yeux, le docteur se permet un doux sommeil, et M. Crotté seul ne cesse de murmurer : Ah ! qu'il fait chaud !

Les deux amis causaient ensemble à demi-voix, ne désirant nullement troubler le repos de leurs voisins, lorsque tout à coup une violente détonation se fait entendre dans l'intérieur du coucou.

Tous les dormeurs s'éveillent en sursaut :

— Il vient d'en partir un !... Quelqu'un est-il blessé ? dit le docteur.

— Cela devait arriver... j'étais sûre que cela arriverait ! s'écrie madame Tribouillot.

— Heureusement, les canons étaient tournés sur le cheval ! dit madame Cadet.

— Monsieur, est-ce que ce pauvre cheval n'est pas blessé ?

Cette question s'adressait à Mérillac, qui répond :

— Pourquoi voulez-vous que le cheval soit blessé, madame ?

— Mais, monsieur, par l'un de vos pistolets qui vient de partir...

— Je vous demande bien pardon, madame, mais ni l'un ni l'autre de mes pistolets n'est parti.

— Oh ! monsieur, nous avons très-bien entendu le coup...

— Oui, dit Cadet, la détonation m'a réveillé tout en sursaut !...

— Comment, monsieur, est ce que vous n'avez pas entendu, vous? dit à son tour le docteur.

— Pardon, nous avons très-bien entendu... un bruit très-fort... mais il ne venait pas de mes pistolets... la preuve... tenez, docteur, les voici, ils sont encore chargés tous deux.

— C'est ma foi vrai... d'où partait donc ce bruit-là?...

— Du fond de la voiture...

— Du fond de la voiture! s'écrie madame Tribouillot, et quelle cause a pu le produire?

— Je crois deviner! murmure le docteur en tirant sa tabatière et se bourrant le nez de tabac.

Madame Tribouillot s'empresse de fourrer ses doigts dans la boîte et de priser aussi, en s'écriant :

— Ah! quelle horreur! il serait possible! c'est nous manquer de respect... il faut avouer qu'il y a dans le monde des gens bien incongrus!...

Pendant tout ce dialogue M. Crotté n'a pas soufflé mot, mais il a caché sa figure derrière le dos de madame Cadet, et le petit homme s'écrie :

— Ma fine... notre âne en fait... mais pas de cette force-là!

Enfin l'on arrive à Draveil à quatre heures et demie. Le comte et son ami s'empressent de quitter leurs compagnons de voyage, et se mettent en route pour Champrosey. Mais la chaleur les oblige à s'arrêter souvent, et une fois dans ce village, ils éprouvent le besoin de se restaurer un peu, n'étant pas certains de trouver des provisions chez la nourrice. Germancey pense qu'ils feront bien de dîner où ils sont.

Un épicier qui vend du vin et de la charcuterie leur offre des côtelettes, une omelette et une salade. Nos voyageurs acceptent et se mettent à table dans une salle basse donnant sur un jardin. Puis ils se disposent à fêter leur repas ; mais les côtelettes sont dures, les œufs sentent la paille et la salade est à l'huile rance.

— Décidément, dit Mérillac, je me défierai des épiciers traiteurs...

— Chevalier, je vous fais faire un voyage bien maussade, et vous devez vous repentir de m'avoir accompagné !

— Mon cher comte, je serai toujours heureux d'être votre compagnon de route... Ce voyage m'amuse beaucoup, au contraire... Les personnes du coucou m'ont fait rire, et ce n'est pas pour un mauvais repas qu'il faut prendre de l'humeur. Nous souperons mieux chez vos villageois. Seulement je crains que nous n'y arrivions pas sans orage... le temps menace de se gâter.

— Hâtons-nous alors... Monsieur l'épicier-traiteur, notre carte, nous partons...

— Comment ! ces messieurs ne mangent ni leur omelette ni leur salade ?

— Tout cela est trop mauvais... Je crois que vous vous êtes trompé d'huile, et que celle-ci est pour vos quinquets !

— Ah, messieurs ! de l'olive pure !

— Si vous nous avez donné un mauvais repas, donnez-nous au moins de bons renseignements... En prenant par la forêt arriverons-nous plus vite au hameau de la Faisanderie?

— Assurément !

— Et quelle route devons-nous suivre?

— Le premier sentier à gauche, puis le second à droite... et puis vous verrez la maison.

— Merci... Partons, Mérillac... car le temps devient bien sombre, et les nuages s'amoncellent !

XIX

UNE MAISON DANS LA FORÊT

Nos voyageurs marchaient depuis une demi-heure, et ils n'apercevaient pas le terme de leur course.

— Pas de maison, pas de grande route, pas même de clairière qui vous serve de point de mire, c'est singulier, dit le comte en faisant une halte ; je ne pensais pas que nous aurions tant de chemin à faire dans cette forêt !

— J'ai dans l'idée que cet épicier-charcutier-traiteur, pour se venger de ce que nous avons trouvé son huile détestable, nous a mal indiqué notre chemin !

— Ce serait bien possible ! Ces gens de la campagne

aiment beaucoup à faire des méchancetés aux habitants des villes.

— Allons toujours, nous trouverons peut-être quelque habitation.

— Si du moins nous rencontrions quelqu'un, nous demanderions notre route... mais personne... Cette forêt est bien déserte.

— Mon cher, le temps n'est pas engageant pour venir s'y promener... L'orage va éclater... le jour baisse déjà...

— Oh! pas possible... il n'est que sept heures et demie... c'est l'orage qui obscurcit le jour... Allons... marchons toujours!

— Mais, à coup sûr, ce maudit épicier nous a égarés!

Les deux amis se remettent en marche. Ils suivent un sentier étroit et touffu, où c'est à peine si le jour pénètre. Au bout de quelque temps l'orage éclate, le tonnerre gronde avec force, des torrents de pluie font entendre sur le feuillage un clapotement qui mouille longtemps les branches avant d'arriver jusqu'à terre. Puis enfin l'eau écarte les feuilles et les voyageurs se mettent sous le plus gros arbre qu'ils aperçoivent, mais où la pluie ne tarde pas à les atteindre.

— Mauvais abri qu'un arbre quand il tonne! dit Mérillac, mais dans une forêt on n'a pas le choix!

— Non, mon pauvre ami, à la garde de Dieu! Mais il est dit que dans ce voyage je vous aurai fait subir tous les désagréments possibles!

— Allons donc! ne sommes-nous pas des hommes? D'ailleurs, vous savez que j'ai un assez heureux caractère! je prends tout en riant!

— C'est bien heureux, mon ami ; mais si cela continue nous serons mouillés jusqu'au os... et le pis, c'est que la nuit arrive... nous ne trouvions pas notre chemin en plein jour, je doute que la nuit nous soyons plus adroits.

— C'est vrai, et malgré ma philosophie, passer la nuit à recevoir la pluie sous ces arbres ne me tente guère ; je crois que nous ferions aussi bien de marcher.

— Oui, marchons, maintenant que nous sommes trempés, un peu plus un peu moins d'eau ne doit pas nous arrêter.

Les deux amis se remettent en route, mais cette fois force leur est de n'avancer que doucement, car on n'y voit plus et à chaque instant ils se heurtent contre des arbres ou des branches que l'orage a brisées et fait tomber sur la terre.

Tout à coup Mérillac pousse un cri... Germancey s'arrête :

— Vous vous êtes cogné?

— Non, mon ami, mais je crois que le ciel a pitié de nous... je viens d apercevoir une lumière!

— Une lumière... où donc cela?...

— Tenez, venez par ici... regardez à gauche...

— Je ne vois rien...

— Des feuilles vous la cachent sans doute... Sapristi!

voilà que moi-même je ne la vois plus! pourtant je suis bien certain de ne point m'être trompé... Venez par ici... marchons du côté où je l'ai aperçue.

Les voyageurs se dirigent vers la gauche. Lorsqu'ils ont fait une quarantaine de pas, tous deux poussent un cri de joie. La lumière a reparu; cette fois elle est très-distincte. Ils marchent sur elle, en ayant soin de ne point la quitter des yeux.

— Vous ne vous étiez pas trompé, Mérillac. Ceci nous promet ou un abri ou un guide...

— Ma foi, quand ce serait la maison de l'Ogre, comme dans le *Petit-Poucet*, je déclare que je m'y réfugierai avec joie... Ce doit être une maison, car cela ne bouge pas... cela ne change pas de place...

— La chaumière d'un bûcheron probablement.

— En ce moment cette chaumière vaut pour nous un palais... je crois que nous approchons... Ah! tenez, à la lueur d'un éclair je viens d'apercevoir une muraille...

— Oui... c'est une maisonnette... Toussons un peu... on nous entendra... on viendra peut-être à notre rencontre... car à cette heure notre vue inopinée pourrait effrayer les habitants de cette demeure...

— C'est vrai... ils vont nous prendre pour des voleurs.

Les deux amis se mettent à tousser, presque aussitôt des pas se font entendre et une voix leur crie :

— Est-ce toi, la Grenouille?

— Pardieu ! voilà un singulier nom de paysan ! murmure Mérillac, tandis que le comte répond :

— Non, ce n'est pas la Grenouille, ce sont deux voyageurs qui se sont perdus dans cette forêt où la nuit et l'orage les ont surpris, et qui payeront l'abri qu'on voudra bien leur donner, ou un guide pour aller jusqu'au hameau de la Faisanderie.

— Attendez... attendez ! répond la même voix. Je vais demander au maître s'il veut vous recevoir.

— Il paraît qu'il y a un maître, dit Mérillac.

— Celui qui fait travailler les bûcherons probablement...

— Et pas une pauvre petite voix de femme !... je n'ai pas de chance !...

Au bout d'un moment des pas lourds se font entendre ; un homme jeune encore, vêtu en paysan, paraît, tenant une lanterne à la main. Son abord n'est pas gracieux, cependant il salue les voyageurs en leur disant d'une voix rauque :

— Vous n'êtes pas plus de deux ?

— Non... c'est bien assez par le temps qu'il fait...

— Vous n'avez pas de chien avec vous ?

— Pas le moindre animal...

— Suivez-moi alors... vous devez être bigrement mouillés ?

— Mais oui, assez comme cela.

— Je crois bien... drôle de temps pour se promener...

L'homme marche devant avec sa lanterne. On arrive à la maisonnette, à laquelle tient un jardin clos par une haie vive. On traverse une espèce de cour, puis on entre dans une salle, qui n'a que la terre pour parquet ; une table, quelques chaises, un banc en composent tout l'ameublement ; mais elle a une immense cheminée, dans laquelle on a fait un assez grand feu qui sert à faire rôtir un fort morceau de viande, attaché à une corde servant de crémaillère, et qui pend devant le brasier.

Un homme est assis devant la cheminée, où il semble surveiller la cuisson du rôti qu'il fait tourner incessamment. Cet homme, habillé d'un large pantalon de toile et d'une grande veste de drap, a sur la tête un chapeau dont les bords sont aussi larges que ceux d'un charbonnier, et comme il le porte fort avancé sur son front, il est difficile de voir sa figure ; ce qu'on en aperçoit annonce qu'il porte toute sa barbe, qui est très-noire.

A l'entrée des voyageurs cet homme ne se lève pas, il se contente de se retourner un peu pour les examiner, en disant d'une voix sourde :

— Entrez, messieurs, entrez... Excusez si je ne me dérange pas, mais j'ai les fièvres depuis quinze jours... et je n'ai plus de force dans les jambes...

— Nous serions désolés de vous causer la moindre gêne, monsieur ; tout ce que nous vous demandons, c'est un abri.

— Et un morceau pour souper, si cela se peut !... de plus, la permission de nous chauffer à ce bon feu... car nous sommes trempés...

Pendant que M. de Germancey parlait, l'homme assis devant la cheminée avait doucement relevé la tête pour le regarder du coin de l'œil ; puis il avait vivement rebaissé la tête et ramené encore sur son front le bord de son grand chapeau. Il reprend :

— Chauffez-vous, reposez-vous, séchez-vous, messieurs ; vous aurez aussi à souper ; vous le voyez, le rôti cuit ; mais il faut que nous attendions le retour de mes bûcherons, ils rapporteront d'autres provisions et du vin, car nous n'en avons plus une goutte ici.

— Oh ! très-bien, nous attendrons, nous ne sommes plus pressés, car je pense qu'il nous faut renoncer à l'espoir d'aller ce soir au hameau de la Faisanderie.

— Oh ! je ne vous conseillerai pas de le tenter... il y a plus d'une lieue d'ici, les chemins sont très-mauvais et l'orage gronde toujours !

— Est-ce que vous pourriez nous donner à coucher pour cette nuit ?

— Mais oui, très-volontiers... Oh ! j'ai une couchette !... j'ai de la paille, j'ai du foin !...

— Victoire alors ! nous sommes sauvés !... eh bien ! mon cher Germancey, vous voyez que j'avais raison de ne pas m'inquiéter !...

— Je crois, Mérillac, que c'est vous qui me portez bonheur ; si j'avais été seul, je ne m'en serais pas si bien tiré.

En entendant prononcer le nom de Germancey, l'homme au grand chapeau n'a pas été maître d'un mouvement subit, puis il a encore avancé son chapeau sur ses yeux.

Les deux amis ont pris des chaises, ils s'installent devant le feu. Le maître du logis se recule encore, bien que le comte lui dise :

— Restez donc, monsieur, il y a assez de place pour nous trois devant cette immense cheminée!... Ah! vivent ces antiques foyers où nos pères se chauffaient à l'aise!

— Oui, il y avait du bon chez nos pères... bien que l'on ait jugé convenable de bouleverser tout ce qu'ils avaient fait.

— Allons, Mérillac, soyons justes, convenons qu'il y avait aussi bien des abus ..

— Des abus... Est-ce qu'il n'y en aura pas toujours... Ce feu fait du bien... décidément c'est une excellente chose que le feu... il fait plaisir presque en tous temps... je conçois qu'il y ait des tribus qui l'adorent!...

— Je ne verrai pas ma petite filleule aujourd'hui... mais demain nous nous mettrons en route de fort bonne heure... Monsieur, connaissez-vous les époux Chausseux, au hameau de la Faisanderie?

L'homme barbu répond, toujours d'une voix qu'il emble se faire :

— Non... non... je n'ai jamais été à la Faisanderie.

— Mais vous m'avez dit qu'il y avait une lieue d'ici là?

— Oui... n'est-ce pas, Pierre?

Pierre était l'homme qui avait été au-devant des voyageurs, il se tenait à demi couché sur le banc qui était placé contre la muraille et répond sans se déranger :

— Je crois que oui! je n'en suis pas sûr!...

— N'importe, reprend le comte, avec le jour nous trouverons... cette pauvre Florentine! elle attend avec tant d'impatience des nouvelles de sa fille!... Vous souffrez, monsieur?

Le maître du logis n'avait pu retenir comme un mouvement nerveux en entendant le nom de Florentine, il murmure :

— Ce n'est rien... un petit frisson... ça me prend souvent.

Le chevalier s'écrie :

— Et son séducteur... le père de son enfant, ta protégée n'en a plus entendu parler?

— Non... oh ! c'est fini, il est probable qu'elle ne le reverra jamais... j'ai eu de terribles soupçons sur cet homme... qui a toujours évité ma présence quand j'allais voir Florentine.

— Quels soupçons?

— Figurez-vous, mon ami, qu'il a donné en cadeau à sa maîtresse, une bague fort belle... Florentine me l'a montrée un jour, jugez de ma surprise en reconnaissant une bague que moi-même j'ai donnée jadis à mademoiselle de Sauvigné... à ma chère Honorine...

— Il serait possible.

— Je ne pouvais pas me tromper, j'ai retrouvé sous le chaton le chiffre d'Honorine.

— Voilà qui est bien singulier.

— Cette bague avait été volée à Honorine et probablement par ce misérable Séverin...

— Ah ! oui, Séverin... ce petit-fils de Cartouche... qui a si bien suivi les exemples de ses pères !

Ici, monsieur Pierre se redresse brusquement sur son banc et se met à tousser fortement, en regardant l'homme au grand chapeau ; mais celui-ci lui crie d'un ton colère :

— Tâchez donc de vous taire, Pierre, et de ne point étourdir ces messieurs, à tousser comme vous le faites !

— Oh ! il ne nous importune nullement ! dit le comte.

— Mais alors, répond Mérillac, le séducteur de votre jolie protégée pourrait bien être ce Séverin...

— Je l'ai pensé un moment... mais non, ce serait trop affreux !... cette bague aura couru de main en main.

— Et les enfants de votre frère... ce Victor, cette Maria, vous n'avez rien découvert, vous n'avez aucun renseignement sur eux ?

— Aucun ! je suis allé plusieurs fois à Vincennes ainsi que je vous l'ai dit, j'ai questionné une fille et un fils de cette femme Duchemin à laquelle on avait confié ces enfants... ah ! vous souffrez bien, monsieur, et votre frisson vous reprend... rapprochez-vous donc du feu...

— Merci... merci... je suis très-bien...

— Mon chèr comte, je crois que vous pouvez faire votre deuil de votre nièce et de votre neveu...

— Je m'en console, parce que j'ai perdu ma fortune... mais si j'étais encore riche ce serait un grand chagrin pour moi d'ignorer le sort de ces enfants !

— Mais vous connaissez leur mère...

— Sans doute, mon frère m'a appris son nom dans la lettre où il me fait ses confidences...

— Eh bien, n'avez-vous jamais pensé que cette dame avait pu s'occuper de ses deux enfants .. en prendre soin?... enfin qu'elle connaît leur position?...

— Non, mon ami, je n'ai jamais pensé cela, parce que je sais que cette personne est une égoïste, qu'elle a un cœur sec, qu'elle ne pense qu'à elle et n'a jamais eu les entrailles d'une mère!... D'ailleurs quand on a fait le mariage qu'elle a contracté depuis la mort de son père... Il faut avoir perdu tout sentiment de sa dignité... épouser un Rigoulot!

— Rigoulot, dites-vous!... comment ce serait cette dame qui...

— Le nom m'est échappé, après tout, je sais bien que ce n'est pas vous, mon ami, qui irez trahir le secret de cette dame!...

— Quant à cela, vous pouvez être tranquille!... mais je n'en reviens pas!... Comment c'était mademoiselle de Haute-Futaie... cette jeune personne si roide, si pincée... devant laquelle il ne fallait pas se permettre la moindre plaisanterie, c'est elle qui a donné deux enfants à votre frère!... Fiez-vous donc aux airs sévères!... aux manières froides... réservées! Mais, mon cher Germancey, figurez-vous que je l'ai revue cette dame, depuis qu'elle est devenue l'épouse du millionnaire Rigoulot, je l'ai vue avec son honorable mari aux soirées de mon cher ami Roberval; je crois, Dieu me pardonne, qu'elle a encore l'air plus prude, plus sévère qu'autrefois; elle espère sans doute, par les manières hautaines qu'elle se donne, faire oublier le ton commun de son mari! J'avais d'abord envie d'aller renouveller connaissance avec elle, l'ayant plusieurs fois rencontrée dans le monde, avant la révolution; mais son air désagréable m'en a ôté le désir.

— Eh bien, Mérillac, croyez-vous encore que cette dame se soit inquiétée du sort des deux enfants issus de son intrigue avec mon frère...

— Oh! non... non... la femme du millionnaire Rigoulot ne doit plus garder le moindre souvenir des faiblesses de mademoiselle de Haute-Futaie.

Pendant que les deux amis se livraient à cette conversation intime, l'homme à la fièvre n'avait pas bougé, il avait même fermé les yeux comme s'il s'était endormi; mais l'homme étendu sur le banc avait ses grands ouverts et les tenait constamment attachés sur les étrangers.

— Je crois que votre maître s'est endormi, dit le comte à demi voix en se tournant vers celui qui les a introduits dans la masure.

— Dame! c'est ben possible!... ça lui arrive souvent!

— Y a-t-il longtemps qu'il est attaqué de cette fièvre.

— Mais oui...

— Il ne se soigne pas bien peut-être?

— Ah ! ici, on n'a pas tout ce qu'on veut.

— Vous êtes bûcheron ?

— Oui, monsieur...

— Est-il jeune ou vieux, votre maître?... son grand chapeau empêche qu'on voye ses traits.

— Il est... il est vieux...

— Sapristi ! s'écrie Mérillac, mais vos camarades tardent bien à revenir... j'ai très-faim, moi, car chez ce gargotier à Champrosey, je n'ai rien pu manger...

— Ah ! dam... ils sont peut-être allés jusqu'à Corbeil pour avoir du vin... et il y a loin... et puis l'orage peut les retarder.

— Ma foi, dit le comte, j'ai bien envie de faire un somme en attendant leur retour, car je suis horriblement fatigué... avez-vous ici un hangar avec de la paille sur laquelle on puisse se jeter, cela me suffirait, car il ne faut pas réveiller votre maître...

— Dame... au bout du jardin, nous avons un hangar... il y a des bottes de foin...

— Oh ! j'y serai parfaitement... venez-vous avec moi, Mérillac?

— Si vous le permettez, je resterai devant ce feu, car je ne suis pas encore totalement séché, et je me trouve bien ici...

— A votre aise, mon ami, de quel côté, monsieur.

— Je vais vous montrer... venez... le jardin est étroit, mais il est pas mal long!

— M. Pierre reprend sa lanterne, le comte le suit, on entre dans une espèce de clos fort mal entretenu. On suit un sentier. Après avoir fait une centaine de pas, M. Pierre s'arrête en disant :

— C'est au bout... tout droit... encore cent pas et vous y êtes...

— Merci, monsieur, n'allez pas plus loin je trouverai bien...

— Je vais veiller au rôti.

L'homme s'en retourne avec sa lanterne. La pluie avait cessé, mais l'orage grondait toujours. Le comte marche encore quelques minutes, puis il trouve un endroit couvert en chaume, et aperçoit sur la terre plusieurs bottes de foin, il en réunit quelques-unes et s'étend dessus avec bonheur. Il va céder au sommeil lorsqu'un bruit de pas se fait entendre, ce bruit venait de la forêt, on marche, on approche, puis tout à coup on s'arrête tout près du hangar et une voix s'écrie :

— Arrêtons nous là, camarade, le petit est en arrière, il faut l'attendre, car il serait capable de ne plus trouver notre gîte...

— La Grenouille a raison... attendons un peu... mais est-ce bien prudent, de faire ainsi connaître notre retraite à ce bambin?

— Ne crois-tu pas que cet enfant va soupçonner qui

nous sommes... un vrai petit crétin! d'ailleurs, fallait bien l'emmener puisque le marchand de vin ne voulait pas nous laisser emporter les bouteilles à l'œil... mais ce n'est pas cet homme-là qui nous trahirait, lors même qu'il aurait des soupçons sur notre profession, il gagne de l'argent avec nous, c'est tout ce qu'il veut. Seulement il ne fait pas crédit... et nous n'avions pas assez de quibus...

— C'est la faute à Séverin qui n'a pas voulu me donner plus d'argent.

— Ah! dam, t'as acheté tant de choses!

— Faut bien se régaler... on s'ennuie à mort par ici... presque rien à faire... faut ben louper un peu; d'ailleurs, c'est l'argent de ce monsieur que nous avons dévalisé hier...

— Il n'était pas riche! huit francs quinze sous... merci! c'est honteux de se mettre en voyage avec si peu de chose...

— Fichu pays... oh! nous n'y resterons pas longtemps... ça allait mieux dans le Midi avec Schinderhanne!...

— Pourquoi s'est-il laissé prendre!...

— Ah! pourquoi! les plus malins font des fautes...

— Heureusement, Séverin a filé à temps lui...

— Vois-tu, quand on est le petit-fils de Cartouche, on ne se laisse pas pincer comme ça!...

Le comte de Germancey n'a pas perdu un mot de cette conversation, dès les premières paroles il a compris à qui il avait affaire, mais lorsqu'il a entendu prononcer le nom de Séverin, lorsqu'il ne peut plus douter que l'homme assis devant la cheminée est le misérable auteur de tous ses maux, une sueur froide coule de son front, il se demande si le jour de la vengence est enfin venu ou s'il doit être aussi la victime de cet homme.

Les brigands vont être cinq, ils doivent être bien armés, ce serait folie que d'espérer triompher d'eux. Et le comte n'a pas une arme. Toutes ces pensées viennent en foule à son esprit. Pour se sauver, il pourrait maintenant s'éloigner doucement, franchir la faible haie du jardin et se perdre dans la forêt où il attendrait le jour. Mais en agissant ainsi il laisserait Mérillac aux mains des bandits, et le comte est incapable d'abandonner son ami.

Mais pendant que les misérables attendent dans la forêt, il pourrait peut-être encore fuir avec le chevalier. Ceux qui sont dans la maison n'oseraient pas les arrêter, ignorant que leurs camarades sont tout près d'eux. Cet espoir est la seule chance de salut qui s'offre au comte. Il quitte bien doucement sa botte de foin, et marche avec précaution dans le sentier pour ne point donner l'éveil aux voleurs. Enfin il atteint la maison, il entre dans la salle basse... Mérillac n'y est plus!

L'homme au grand chapeau et qu'il sait maintenant être Séverin, est levé et se promène dans la salle avec impatience en murmurant :

— Mais ils ne reviendront donc pas, ces flâneurs-là!

En apercevant le comte, il s'arrête et s'écrie :

— Tiens, vous ne voulez donc plus dormir, monsieur?

Germancey sent bien qu'il faut surtout éviter de laisser deviner aux voleurs qu'il a découvert ce qu'ils sont. Il affecte un air tranquille, en répondant :

— Ma foi non! dans ce jardin, j'ai ressenti de l'humidité, je me suis dit que mon ami avait raison, et qu'il valait mieux rester à se sécher près de ce feu. Mais il a donc changé d'avis, lui? je ne le vois plus?

— Je lui ai dit que j'avais là... dans une petite pièce à côté, une couchette à sa disposition et il s'est décidé à aller se jeter dessus jusqu'au moment du souper, si vous voulez en faire autant monsieur... Là, vous ne sentirez pas l'humidité comme dans le jardin.

— Oh! ma foi, mon envie de dormir s'est dissipée... je crains beaucoup que nous ne vous gênions, la pluie a cessé, et nous pourrions nous remettre en route.

— Vous n'y pensez pas!... d'abord vous ne connaissez pas les chemins, vous vous perdriez infailliblement... tout à l'heure mes bûcherons vont revenir avec des provisions... je vous réponds que nous souperons bien... avez-vous donc quelque raison pour être si pressé de partir?

— Aucune... la crainte de vous gêner était la seule.

— Cela nous fera plaisir, au contraire, de vous bien traiter.

— En ce cas, qu'il ne soit plus question de départ!...

— A la bonne heure! voilà qui est parler... Mon accès de fièvre est passé... et je veux aussi faire honneur au souper.

Germancey fait son possible pour que sa physionomie ne trahisse pas ce qu'il éprouve, car il ne voit plus moyen d'échapper au sort que les bandits doivent leur réserver, en ce moment des pas, des voix se font entendre au dehors et le maître du logis s'écrie :

— Ah ! voilà notre monde !

XX

LES VOLEURS

Trois hommes à figures patibulaires entrent dans la salle, parmi eux est le nommé la Grenouille dont nous n'avons pas besoin de faire le portrait, on le connaît déjà. Un petit garçon de huit à neuf ans est avez eux ; il porte un panier dans lequel sont des bouteilles ; chacun de ces messieurs apporte aussi des provisions.

A l'aspect du comte qui se chauffe devant la cheminée, les nouveaux venus s'arrêtent tout surpris, et questionnent des yeux leur chef qui s'écrie :

— Arrivez donc vous autres !... on vous attend avec

impatience. J'ai justement reçu deux voyageurs qui vont souper avec nous, et que je veux traiter de mon mieux.

Ces paroles sont accompagnées de clignements d'yeux et de signes que comprennent facilement ceux qui viennent d'arriver ; M. la Grenouille s'écrie :

— Ah ! du moment que nous avons des hôtes... Bravo ! on s'amusera... en attendant, maître, donne-moi un écu de trois livres, que je redois pour le vin et l'eau-de-vie... nous n'avions pas assez de fonds... et ça se trouve bien que nous ayons acheté un fameux souper... puisque nous avons du monde.

L'argent est donné au petit garçon, auquel on fait boire un petit verre d'eau-de-vie, puis que l'on met à la porte avec un coup de pied au derrière en lui disant :

— A présent file !... et perds-toi, si tu veux !

— Oh ! gn'y a pas de risques ! répond l'enfant que l'eau-de-vie a déjà étourdi, je me retrouve toujours, moi !... je vois clair la nuit !

Germancey a eu un moment la pensée de s'approcher de l'enfant et de lui parler bas pour lui dire : Va chercher les gendarmes ! mais il n'y a pas moyen, les voleurs tout en mettant la table et dressant le couvert, ne le perdent pas de vue, et d'ailleurs le petit garçon semble incapable de comprendre une telle commission, il est parti, et au bruit des assiettes et des verres, Mérillac qui s'est éveillé, revient dans la salle, où tout le monde est réuni, en disant avec sa gaîté habituelle :

— J'ai entendu un bruit de bouteilles et de verres qui

m'a fait penser que ce n'était plus le moment de dormir!...

Les faux bûcherons saluent Mérillac d'un air contraint; celui-ci, voyant tout ce monde, dit :

— Ah! je ne m'étais pas trompé... vos ouvriers sont arrivés, n'est-ce pas, notre hôte?

— Oui, monsieur, et bien chargés de provisions. Oh! vous aurez un bon souper.

— Tant mieux, car j'ai un appétit d'enfer... et vous, Germancey?

— Moi! mais je souperai aussi volontiers.

— C'est moi qui ai eu l'idée de prendre cette volaille! dit M. la Grenouille.

— Tu as fort bien fait... Oh! mais tu es un malin, toi, la Grenouille, tu connais ce qui est bon.

Pendant que les voleurs chargent la table de jambon, de volaille froide, de saucissons, de verres et de bouteilles, et que M. Pierre est allé détacher le rôti qu'il met sur un plat de terre, Mérillac, qui vient d'arrêter ses regards sur la Grenouille, change tout à coup de visage, son front se rembrunit, puis il s'approche du comte, qui est resté assis devant le feu, et, profitant d'un moment où les soi-disant bûcherons arrangent le couvert, tandis que le maître du logis est allé dans la pièce à côté chercher des couteaux et des assiettes, lui dit vite et bas :

— Mon cher, je viens de faire une fâcheuse découverte... Cet homme au nez cassé, et qu'on appelle la Grenouille, est un voleur, je le reconnais parfaitement, c'est lui qui m'enlevait ma montre à l'Ambigu-Comique...

— Je le sais... tous ces hommes sont des misérables... leur chef est le petit-fils de Cartouche dont je vous ai parlé...

— Sacrebleu !... nous voilà bien tombés... et je n'ai que mes pistolets... si je tirais tout de suite sur deux de ces hommes...

— Non... nous serions perdus... il faut dissimuler au contraire... et ne pas laisser paraître le moindre soupçon...

— Fichtre !... cela m'a coupé l'appétit. Mais ces gueux-là ne m'auront pas vivant...

— Il faut manger... il faut boire...

— Et nous laisser tuer comme des mouches, quand ils nous croiront endormis...

— Attendez... il me vient une idée ; si elle peut réussir nous sommes sauvés...

— Oh ! dites... dites vite...

— Il faut...

Le retour de Séverin, qui vient droit aux deux amis, empêche Germancey d'en dire davantage.

— Allons, messieurs, tout est prêt... à table !... Vous excuserez si les assiettes sont en terre et les fourchettes en fer ; mais, dame ! ce n'est pas ici une auberge !

— C'est beaucoup mieux, car on y est reçu de bon cœur !

Les deux amis vont pour s'asseoir l'un près de l'autre, mais le maître du logis se place vite entre eux, les autres hommes s'avancent à la suite. On attaque d'abord le rôti, qui est un morceau de filet délicieux.

— Diable, messieurs, mais vous vous nourrissez bien... du filet de bœuf, ce qu'il y a de meilleur en rôti! dit le comte.

— Mais oui... c'est que nous sommes bien avec le boucher... parce que de temps à autre nous lui faisons cadeau d'un lièvre... vous comprenez bien que, lorsque nous en rencontrons dans la forêt, nous ne nous gênons pas pour tirer dessus!...

— Et vous avez raison; il faut que tout le monde vive.

— Buvez donc, messieurs!

— Volontiers... il est très-bon votre vin!

— C'est moi *que* je l'ai choisi! dit M. la Grenouille en vidant son verre; et je m'y connais!

— Attaquons ce jambonneau... Savez-vous, messieurs, que c'était imprudent à vous de traverser cette forêt le soir... est-ce qu'on ne vous avait pas parlé de voleurs?

— Si... mais nous ne les craignons pas... Qu'est-ce qu'ils nous prendraient... j'ai peut-être vingt livres sur moi... belle misère... Je crois que vous n'êtes pas plus riche que moi, n'est-ce pas, Mérillac?...

— Ma foi non... pas tant même...

Et le chevalier, retournant ses poches, en tire deux écus de six livres et deux pièces de trente sous en disant :

— Voilà ma fortune... pour le moment!

— Oui, pour le moment, répète le comte avec intention. Mais quand vous reviendrez de Corbeil, je crois que vous serez plus prudent et ne vous risquerez pas ainsi la nuit...

Mérillac a regardé son ami, il a compris sur-le-champ son idée, et répond :

— Oh! non!... diable. . ce sera différent.

Les voleurs se sont regardés en silence. Séverin découpe la volaille et murmure :

— C'est égal, messieurs, c'est imprudent de voyager sans armes...

— Moi, je n'en ai pas, répond Germancey, mais mon compagnon a une fort belle paire de pistolets anglais... Mérillac, montrez donc vos pistolets à ces messieurs... et d'ailleurs cela doit vous gêner de les garder dans votre poche ; il me semble qu'ici vous pouvez bien vous en débarrasser!

Mérillac sort de sa poche ses beaux pistolets damasquinés, et, surmontant la répugnance qu'il éprouve à s'en dessaisir, il les présente à Séverin qui les prend, les examine et s'écrie :

— Oui, corbleu! voilà de belles armes... cela vient d'Angleterre.

— Oui, je les ai rapportés de Londres...

— Voyons!...

— Voyons!...

Les soi-disant bûcherons se passent les pistolets.

— C'est perlé! dit la Grenouille, ça vaut bien deux cents livres!

— Oh! mieux que ça!...

Les pistolets reviennent aux mains de Séverin qui hésite pour les rendre au comte, mais celui-ci lui dit :

— Veuillez les placer sur votre cheminée, nous n'avons pas besoin de nous en charger ici!

Cette marque de confiance paraît être fort goûtée par les voleurs, qui se regardent d'une façon significative, on mange et l'on boit toujours.

— Excellente volaille! dit Mérillac, on n'en sert pas de si bonnes chez Bancelin... Je fais un souper exquis... et je crois bien qu'à Corbeil je n'aurais pas été aussi bien traité.

— Vous allez à Corbeil, vous, monsieur.

— Oui, et pendant que vous m'attendrez près de votre filleule, Germancey, j'irai toucher mes fonds chez le notaire... Ah! sapristi, voilà un héritage qui m'arrive bien à propos, car j'étais à sec.

— Vous allez hériter, monsieur?

— Oui vraiment!... trente mille francs qui me tombent des nues... je ne m'y attendais pas... une vieille parente que je croyais pauvre... et qui en mourant me laisse cette somme... Le notaire de Corbeil m'écrit qu'il la tient à ma disposition... Ah! pardieu, il ne la tiendra pas longtemps ; je vais me hâter de l'en débarrasser! et vivent les plaisirs! les femmes! le jeu!... Germancey, vous savez que je vous paye un festin chez le Gacque à notre retour à Paris...

— Oui, oui... Oh! je m'en rapporte à vous, Mérillac, pour faire sauter vos écus... il faudrait cependant devenir raisonnable... on n'hérite pas tous les jours...

— Bah! il faut s'amuser d'abord, la vie est si courte! au diable la prévoyance!

Séverin semblait réfléchir, et tous les hommes sous ses ordres, les yeux fixés sur lui, paraissaient chercher à deviner ses projets. Enfin il vide son verre et s'écrie:

— Trente mille francs... c'est un beau denier! cela, monsieur!

— Bon! c'est une misère auprès de ce que je possédais autrefois!...

— Une misère... oh! je n'en demanderais qu'une faible partie, moi, pour payer le loyer de cette bicoque... dont le propriétaire menace tous les jours de me mettre à la porte, parce que je suis arriéré d'une année!...

— En vérité, et combien devez-vous donc pour cette année, mon hôte?

— Oh! dam, une grande somme pour moi... cent vingt livres... l'année a été mauvaise... et puis cette maladie... ces fièvres que j'ai attrapées... je n'ai guère travaillé!

— Pardieu, puisque l'occasion se présente de faire une bonne action, je ne veux pas la laisser échapper... je veux prouver à mon ami Germancey que, si je fais sauter mes écus en faisant des folies, je ne suis pas pour cela incapable de bien les employer quelquefois...

— Oh! je n'ai jamais douté de votre générosité, Mérillac.

— Quel est donc votre dessein, monsieur? dit l'homme au grand chapeau en portant tour à tour ses regards sombres et fauves sur les deux amis.

— De vous faire présent des cent vingt livres qui vous manquent pour payer votre propriétaire... Avec les quinze livres que j'ai sur moi, cela me serait difficile, mais lorsque j'en posséderai trente mille, cela fera une si faible brèche à ma fortune, qu'il n'y paraîtra pas!

— En vérité, monsieur, vous auriez cette bonté?...

— Quand je promets, je tiens...

— Oh! mais demain... vous ne penserez plus à nous... vous ne repasserez point par ici sans doute?

— Ce n'était pas mon intention, mais, pour reconnaître votre hospitalité, je puis bien faire un peu plus de chemin... n'est-pas, Germancey?

— Sans doute, seulement il nous faudrait être sûr de trouver une voiture à Champrosey...

— Oh! si ce n'est que ça! je me charge de vous en avoir une! s'écrie la Grenouille, et je la ferai venir vous attendre ici... A quelle heure comptez-vous revenir!

— Pas tard, sur les deux heures de l'après-midi, afin d'arriver à Paris avant la nuit.

— A deux heures, et même avant, votre voiture sera ici. Je connais un particulier qui a un cabriolet, il ne sera pas fâché de gagner une bonne journée.

— Vous pouvez lui promettre tout ce qu'il vous demandera.

— Fameux!... Buvons alors... A la santé des trente mille francs.

Tous les voleurs s'empressent d'imiter la Grenouille et de lever leur verre :

— Imbéciles, s'écrie Séverin, c'est à la santé de monsieur qu'il faut boire... si toutefois demain il pense encore à moi.

— Vous êtes méfiant, mon hôte.

— Ah dame! monsieur, c'est que... dans le monde... on est si peu de parole!

— Eh bien, pour vous donner confiance en moi, pour vous prouver que je veux revenir, si je vous laissais mes pistolets... hein? que diriez-vous? je me flatte qu'ils valent plus de cent vingt livres?

— Oh! comme cela, je n'aurai plus de doutes, monsieur, et je bois de grand cœur à votre héritage!...

Séverin emplit son verre, tous ses hommes l'imitent. Germancey et Mérillac sont obligés de trinquer avec les bandits; mais il n'y a pas à hésiter, il fallait leur ôter toute défiance. Après le vin, les voleurs fêtent l'eau-de-vie, dont ils boivent avec une avidité effrayante. Leur chef seul semble se ménager et vouloir conserver sa raison. Il envoie d'un ton d'autorité dormir dans un coin deux de ses hommes, qui dans leur ivresse commençaient à dire des choses qui pouvaient trahir leur profession.

— Mais il doit être bien tard? dit Germancey.

— Minuit et demi, reprend Séverin après avoir consulté une montre qu'il ne sort qu'à moitié de son gousset, et dont la possession aurait pu paraître singulière chez un homme qui n'avait pas de quoi payer son terme.

Si vous voulez vous reposer un peu, messieurs, allez vous jeter sur la couchette à côté, car le jour vient de bonne heure maintenant, et probablement vous ne voulez pas vous mettre en route tard?

— Oh! non... mais qui nous montrera notre chemin en sortant d'ici?

— Pierre ira avec vous, il vous fera connaître un sentier qui mène tout droit hors de la forêt... ce sentier est peu connu... mais vous ferez une remarque à un arbre... ensuite vous verrez Corbeil devant vous...

— Très-bien... et à deux heures vous nous reverrez; mais vous aurez pour nous une voiture.

— Soyez tranquille... nous serons en mesure... Revenez seulement chercher vos pistolets... et nous serons tous contents!

Le comte et Mérillac passent dans la petite pièce à côté. Ils avaient hâte de quitter la société avec laquelle ils avaient soupé. Ils se jettent sur la couchette, mais ce n'est pas pour dormir, le sommeil ne pouvait pas approcher de leurs paupières dans l'horrible gîte où ils s'étaient réfugiés.

— Notre ruse a réussi! murmure Mérillac à l'oreille de son ami.

— Espérons-le! après tout, il est naturel que, dans l'espoir de posséder trente mille livres, ces hommes ne nous tuent pas pour s'emparer du peu que nous avons sur nous...

— C'est égal, si nous nous en sauvons, nous aurons de la chance...

— Chut! ne parlons pas et feignons de dormir.

Il était, en effet, imprudent de parler, car le descendant de Cartouche venait à chaque instant appuyer son oreille contre la porte qui n'était que poussée et pas fermée. Persuadé que les deux voyageurs sont endormis, il va rejoindre la Grenouille et Pierre qui se tenaient à l'autre bout de la salle, de façon qu'on ne puisse les entendre de la petite chambre à côté.

— Nous allons donc laisser partir ces deux hommes? dit le nommé Pierre d'une voix sourde.

— Quelle brute tu fais! dit la Grenouille, est-ce que tu ne comprends pas que trente mille livres valent mieux à palper que cinq ou six écus qu'ils ont dans leur poche...

— Mais qui nous assure qu'ils n'ont que cela sur eux?

— Soyez tranquilles, garçons, dit Séverin, je connais ces deux hommes, ils ne nous ont pas menti sur l'état de leurs finances... ce sont des ci-devants, des anciens nobles, mais qui n'ont pas le sou... Oh! il y en a un à qui j'aurais volontiers fait son affaire tout de suite... car il y a longtemps que je lui en veux à celui-là... mais l'intérêt général doit passer avant tous mes sentiments particuliers... que risquons-nous... il nous laisse ses pistolets en dépôt!... Que ces deux hommes approchent demain de cette demeure, et tout ce qu'ils possèdent sera à nous...

— Mais s'ils ne revenaient pas seuls... s'ils avaient du monde, d'autres voyageurs avec eux?

— Est-il assommant avec ses craintes, ce Pierre, dit la Grenouille; mais, mon petit, si tu es toujours craintif comme ça, tu ne te pousseras pas, tu n'avanceras jamais!

— Je ne suis pas poltron, mais je me méfie, voilà tout!

— Sois tranquille!... je prendrai mes précautions. Si ces deux particuliers revenaient avec du monde, je commence par décharger sur eux ces deux jolis pistolets, qui sont bien bourrés... je les ai visités... et chacun de vous aurait son fusil, ses armes... Bon! cela ira tout seul... j'en réponds!

— Du moment que Séverin répond de la chose... moi je vais dormir sur mes deux oreilles!... si j'en avais trois, je dormirais sur trois! dit M. la Grenouille en avalant un verre d'eau-de-vie.

— Oui, dormez un peu... moi, je veille... et je réveillerai Pierre dès qu'il fera jour. Il est inutile que le comte me revoie demain matin... il ne peut guère me reconnaître; malgré cela, j'éviterai ses regards avant le moment d'agir.

Cette nuit semble bien longue au comte et à son ami. Enfin le jour paraît; un temps doux et beau, un ciel magnifique ont succédé à l'orage de la veille. Mérillac feint de s'éveiller et se frotte les yeux en s'écriant :

— Par là sambleu! je crois qu'il fait grand jour... Oui... et un temps superbe, autant que je puis voir par cette petite lucarne... allons, mon cher Germancey, éveillez-vous et mettons-nous en route... il me tarde d'arriver à Corbeil, vraiment; et si mon notaire dort encore, je ferai un tel vacarme à sa porte, qu'il faudra bien qu'il s'éveille...

— Vous avez raison, Mérillac... il faut nous mettre en route... le soleil semble vouloir se montrer à travers ce dôme de verdure... — il ne fait pas semblant, il se montre pour tout de bon... Me voilà prêt... quand on se couche tout habillé, on est bien vite debout.

Les deux amis sortent de l'espèce de taudis où ils ont passé la nuit. Dans la grande salle ils ne trouvent que Pierre, qui les attend et s'efforce de prendre un air agréable, en leur disant :

— Ah! vous voilà éveillés, messieurs, et vous avez bien dormi?

— Fort bien!... après un excellent souper, je dors toujours bien, moi... Mais où donc est votre maître?

— Oh! il travaille déjà dans la forêt avec les camarades... quand vous voudrez, nous partirons, messieurs.

— Nous sommes tout prêts... n'est-ce pas, Germancey?

— Oui, oui, partons.

On sort de la chaumière; à mesure que l'on s'en éloigne le comte et Mérillac respirent avec plus de facilité; car malgré l'espoir qu'ils fondaient sur leur ruse, ils se sentaient toujours bien oppressés au milieu de ces hommes qu'ils savaient être des bandits.

Celui qui leur sert de guide les a fait d'abord passer à travers un fourré et des taillis assez rapprochés;

Bientôt ils débouchent sur un sentier étroit, mais bien tracé; là, le feuillage est tellement épais, que, par le plus beau temps, le jour est sans cesse voilé, et quelques parties du chemin sont toujours dans l'obscurité.

Mais M. Pierre marche vite, quoique prêtant l'oreille au moindre bruit et quelquefois s'arrêtant tout à coup pour écouter. On marche ainsi pendant une demi heure, et sans rencontrer personne; puis bientôt le chemin s'élargit, s'éclaircit, et enfin on arrive à la lisière de la forêt; alors le soi-disant bûcheron s'arrête en disant :

— Je ne vais pas plus loin... vous trouverez Corbeil devant vous, messieurs; reconnaîtrez-vous ce sentier pour revenir?

— Oui, voilà un arbre cassé qui m'empêchera de me tromper... et un bouleau isolé, là en face, qui nous servira de guide.

— A bientôt, messieurs!

Le voleur a disparu dans la forêt...

— Enfin, nous voilà débarrassés de la société de ce monsieur, s'écrie Mérillac; ah! mon cher Germancey, donnons-nous la main... qu'il est bon de respirer sans crainte après la nuit que nous avons passée...

— Oui, mon ami, le fait est que nous l'avons échappé belle!...

— Quant à mes pistolets, j'en fais volontiers l'abandon, heureux de nous en tirer à si bon marché!

— Que dites-vous donc, chevalier? mais j'espère bien que vous rentrerez en possession de vos armes!...

— Quoi ! est-ce que vous comptez retourner chez les voleurs? savez-vous que cela me paraît bien imprudent...

— Mon cher Mérillac, j'ai enfin retrouvé l'homme que je cherchais depuis si longtemps, le misérable qui a fait le malheur de toute ma vie, qui a causé la mort de la femme que j'adorais, et vous croyez que je laisserais échapper cette occasion de le livrer à la justice, de lui faire subir le châtiment que méritent ses crimes ! Oh ! mais les plus grands périls m'environneraient, que je les braverais pour faire arrêter ce Séverin... Cependant... je conçois, Mérillac, que vous n'avez pas les mêmes motifs que moi pour tenir à ce que l'on s'empare de ces misérables... et rien ne vous oblige à m'accompagner dans cette expédition...

— Sambleu ! comte, savez-vous bien que je devrais me fâcher de ce que vous venez de me dire... il y a quelques dangers à courir, et vous pensez que c'est à ce moment que je vous quitterais... Est-ce que l'habitude était de se conduire ainsi, dans les mousquetaires du roi ?

— Pardon, mon ami, pardon... oui, j'ai eu tort de supposer que vous refuseriez de partager mes dangers... mais c'est que vraiment il m'est pénible de penser que je vous entraîne toujours là où il y a des périls à courir... Cependant soyez bien persuadé que je prendrai toutes les précautions possibles... je veux que l'on prenne les voleurs... cet infâme Séverin surtout... mais je ne veux pas être repris par eux !

— Moi, j'avoue que je ne serai pas non plus fâché de faire pincer ce vilain monsieur au nez cassé... qui est cause que ma montre a été brisée et qu'elle n'a jamais bien remarché depuis... Voyons quel est votre plan, Germancey?

— D'aller avertir la maréchaussée de Corbeil... Mais voilà des chaumières, des paysans, nous sommes peut-être à la Faisanderie, je voudrais voir ma filleule d'abord... Allons... je vais m'informer à cette jeune fille qui vient là... Eh! mademoiselle! connaîtriez-vous par ici la demeure du père Chausseux?

— Tiens! c'te bêtise! c'est mon oncle!... Ça serait drôle, si je ne savais pas où il reste!...

— Pardon, nous ignorions votre parenté!...

— Tenez... là-bas à gauche... c'te maisonnette tapissée de vigne... on la voit d'ici... et ma tante est devant la porte.

Les deux amis se remettent en marche; au bout de quelques minutes ils sont devant la maisonnette qu'on leur a indiquée. Germancey reconnaît parfaitement la nourrice, bien qu'il ne l'ait pas vue depuis le jour du baptême, et de son côté la paysanne l'examine un moment, puis s'écrie :

— Ma fine! je ne me trompe pas!... monsieur est le parrain de notre chère petite... Oh! oui, oui, je ne me trompe point! c'est le parrain... Ohé! notre homme!... Germaine... Catherine... v'là le parrain d'Honorine... faut la réveiller c'te petite... va-t-elle être contente de voir son parrain... Ah! en v'là une surprise. Mais entrez donc, messieurs! vous allez vous rafraîchir! Not' homme! Chausseux!... viens donc voir le parrain d'Honorine.

Le comte n'a pas encore pu trouver le temps de répondre un mot, madame Chausseux ayant l'habitude de toujours parler : il entre dans la maison avec Mérillac ; un gros paysan, qui est aussi muet que sa femme est bavarde, arrive, salue, essaye de dire quelque chose ; mais, n'en pouvant venir à bout, se hâte de mettre sur une table des verres et du vin.

— Et la maman, comment qu'elle se porte la maman? s'écrie madame Chausseux ; elle nous a écrit qu'elle était malade... v'là pourquoi nous ne l'avons pas vue depuis queuque temps... elle va mieux, j'espère... Chausseux, verse donc à ces messieurs... tu restes là comme notre bourriquet... C'est de not' meilleur vin... nous n'en avons pas d'autre ; du reste, l'année n'a pas été mauvaise. A vot' santé, monsieur le parrain... à celle de votre ami et connaissance.

Mérillac a avalé le verre de piqueton en faisant un peu la grimace, mais il s'écrie :

— Ce vin ne vaut pas celui de cette nuit... ce qui n'empêche pas que je le bois avec beaucoup plus de plaisir.

Et le comte, profitant du moment où la nourrice vide son verre, dit :

— Je voudrais bien voir ma filleule, pourtant, il me tarde de l'embrasser, cette chère petite...

— Vous allez la voir, monsieur ; Germaine, notre aînée, est allée la réveiller, l'habiller... Dam' savez-vous que vous êtes arrivé de bonne heure !... où donc avez-vous couché?

— Dans la forêt... chez des voleurs...

— Chez des voleurs ! mais c'est vrai que depuis quelque temps il arrive tout plein d'accidents aux voyageurs... et comment avez-vous fait pour leur échapper avec toutes vos z'hardes ?

— Grâce à une ruse qui nous a réussi... mais rassurez-vous, mère Chausseux, nous allons aller trouver la gendarmerie de Corbeil, et nous vous délivrerons de ces dangereux voisins.

— Ah ! ma fine, c'est un grand service que vous nous rendrez là !

L'arrivée d'une petite fille de trois ans et demi met fin à cette conversation. La petite Honorine accourt en sautant, en riant, puis elle s'arrête tout à coup comme honteuse, en apercevant les deux beaux messieurs qui sont chez la nourrice. Germancey s'empresse d'aller à l'enfant, de la prendre dans ses bras et de lui présenter des bonbons qu'il a apportés pour elle, en lui disant :

— Voulez-vous me permettre de vous embrasser?

— Tiens ! si elle veut le permettre ! s'écrie madame Chausseux, mais je crois bien qu'elle vous le permet... Honorine, c'est ton parrain ce monsieur-là ! tu ne le reconnais pas... mais c'est ton parrain... Chausseux, verse donc à boire.

La petite fille se laisse embrasser, puis elle regarde autour d'elle en disant :

— Et maman, elle n'est pas venue, maman?

— Ma chère enfant, elle ne peut pas encore venir,

elle a été malade... mais elle va mieux, et avant peu elle viendra vous voir... Regardez donc, Mérillac, comme cette petite est jolie... quels traits fins, délicats, quels beaux yeux... n'est-ce pas tout le portrait de sa mère ?

— Ma foi, oui... la ressemblance est déjà frappante...

— Pauvre enfant ! puisse-t-elle être plus heureuse !

Le comte ne pouvait se lasser d'admirer et de caresser sa filleule ; l'enfant se laissait faire, tout en mangeant des bonbons qu'on lui avait apportés ; le père Chausseux buvait tout seul, et sa femme s'écriait :

— Certes, pour un bel enfant, on peut dire que c'est un bel enfant ! voyez comme c'est venu... comme c'est blanc et rose !... Elle n'a pas des membres énormes, c'est vrai, mais c'est ferme... c'est moulé... et de la malice ! c'est qu'elle vous en a plus à elle seule que trois fois Chausseux !... J'espère, monsieur le parrain, que vous êtes fier de vot' filleule ?

— Oui, madame Chausseux, je n'ai que des éloges à vous donner, vous avez eu bien soin de cette enfant, et je ne manquerai pas de dire à sa mère que sa fille est parfaitement ici, et qu'elle fera bien de vous la laisser encore quelque temps.

— Oh ! oui, monsieur ; je voudrais la garder toujours, moi... ça me fera ben du chagrin quand faudra la rendre. Ces messieurs déjeunent-ils avec nous ?

— Non, madame Chausseux, un devoir important nous appelle maintenant à Corbeil ; il s'agit de purger la société de plusieurs misérables qui ont longtemps échappé à la justice...

— Ah ! vous allez faire pincer les voleurs!

— Nous allons l'essayer, au moins... Sommes-nous loin de Corbeil?

— Non, monsieur, une petite lieue, pas plus. Chausseux va vous mettre sur la route.

— Volontiers... Adieu, chère petite... que je t'embrasse encore... Ah ! je sens que je t'aime déjà comme un père ! et puisque le tien t'abandonne, je jure, moi, de t'en tenir lieu !

La petite Honorine se laisse embrasser. Le comte fait son cadeau à la nourrice, puis les deux amis se remettent en route, accompagnés par le père Chausseux, qui sourit et secoue la tête en les regardant, mais ne peut parvenir à dire autre chose que : Le parrain! eh, eh! le parrain!...

On arrive à Corbeil, M. Chausseux s'en retourne, en répétant : Eh, eh!... le parrain.

Les voyageurs se font indiquer le poste de la gendarmerie, ils s'y rendent et dénoncent au brigadier les misérables qui occupent la masure dans la forêt.

— Nous nous doutions déjà que c'était des voleurs, dit le brigadier, mais nous n'avions pas encore pu les prendre en flagrant délit.

— Vous pouvez les arrêter sans craindre de faire une méprise ; parmi ces hommes est un misérable qui doit déjà vous avoir été signalé, dont le nom est Séverin, et qui est le petit-fils de Cartouche.

— Le petit Cartouche! il serait parmi ces hommes de la forêt!... en êtes-vous certain, monsieur?

— J'en suis parfaitement sûr, c'est lui qui se dit le maître bucheron.

— Oh! mais alors ce serait une prise bien importante; il y a longtemps que la police est à la recherche de cet homme... il a une foule de vols, de crimes sur son compte. Mais c'est un gaillard très-adroit, il change de visage, d'âge, il se transforme si bien qu'on ne peut jamais le reconnaître.

— Eh bien, je vous réponds, moi, de vous le faire reconnaitre... je vous guiderai pour cela, car c'est de lui avant tout qu'il faut s'emparer.

— Est-ce que vous comptez venir avec nous, monsieur, pour arrêter les brigands?

— Assurément, moi et mon ami, nous vous servirons de guides...

— Je ne vous cache pas, messieurs, que l'affaire sera dangereuse... ces gens-là, et surtout ce petit Cartouche, ne se laisseront pas prendre sans faire une vigoureuse défense.

— Le danger ne nous effraye pas, brigadier, vous avez affaire à d'anciens militaires.

— Oh! je le vois bien, messieurs, mais il faudrait pourtant faire en sorte d'en sortir sains et saufs... Nous irions bien sur-le-champ, moi et mes hommes cerner la masure, mais ils nous verront venir, et il est probable que nous ne trouverons plus personne au gîte.

— Aussi n'est-ce pas de cette façon qu'il faut agir. Nous avons hier, pendant l'orage, demandé l'hospitalité dans la masure... les voleurs nous ont fort bien reçus; nous étions sans défiance, lorsque le hasard m'a permis d'entendre une conversation qui m'a appris la véritable profession de nos hôtes. Deux, contre cinq hommes bien armés, nous étions perdus; nous avons eu recours à une ruse qui nous a réussi. Mon ami a dit qu'il allait toucher trente mille francs chez le notaire de Corbeil; vous comprenez que le désir de s'emparer de cette somme a sur-le-champ changé les desseins de nos voleurs. Feignant d'être touché du bon accueil que nous avons reçu, de l'excellent souper que l'on nous a fait faire, Mérillac a promis de revenir pour récompenser généreusement notre hôte...

— Et pour donner une entière confiance à nos voleurs, je leur ai laissé une fort belle paire de pistolets anglais, sur lesquels mon chiffre est gravé.

— Très-bien, messieurs, alors ces misérables vous attendent...

— Oui, ils nous ont même assuré qu'ils auraient un cabriolet à nos ordres. Nous avons annoncé que nous repasserions par la forêt vers les deux heures de l'après-midi.

— Fort bien, nous avons du temps devant nous; trois de mes hommes vont se déguiser, mettre des blouses, se faire paysans, ils se rendront dans la forêt, mais chacun par un chemin différent, tâcheront d'éviter les regards, et vers l'heure convenue se trouveront près de la masure.

— C'est cela... ensuite moi et Mérillac nous avanccrons doucement vers la demeure des brigands.

— Vous, un peu en avant, monsieur... et comme c'est monsieur votre ami qui est censé avoir la grosse somme, ils n'agiront pas qu'il ne soit près d'eux... vous serez bien armé, monsieur, et prêt à faire feu au premier mouvement d'attaque des voleurs.

— Fort bien, mais Mérillac... c'est sur lui qu'ils fondront d'abord pour le dépouiller...

— Attendez, monsieur, attendez; monsieur peut avoir reçu une partie de sa somme en écus, et comme ce serait très-lourd à porter, il a pris avec lui un homme pour porter ses sacs.

— Excellente idée, cet homme...

— Ce sera moi, messieurs, et bien déguisé, je vous le jure; ensuite deux ou trois de mes hommes nous suivront de loin, de cette façon, je crois que nous pourrons nous rendre maîtres de ces brigands sans qu'il nous arrive malheur.

— Ce plan est très-bien tracé; nous allons déjeuner et nous reposer un peu, nous reviendrons ensuite ici...

— Soyez ici à une heure, messieurs, tout sera fait et disposé comme je vous ai dit.

— Et vous nous prêterez des armes?

— A chacun une paire d'excellents pistolets, qui ne rateront pas.

— C'est convenu; à une heure nous serons ici.

Les deux amis se sont fait enseigner la meilleure auberge du pays, ils se font servir à déjeuner, et cette fois mangent de bon appétit. Le plan du brigadier leur paraît bien conçu, l'idée de se faire accompagner d'un homme qui aura l'air de plier sous le poids d'un sac d'argent sourit beaucoup à Mérillac, qui est persuadé que c'est sur ce sac-là que se jetteront d'abord les voleurs.

Le comte se sent heureux à l'idée de livrer enfin à la justice le misérable qui est la première cause de tous ses malheurs, et qui a fait conduire à l'échafaud la femme qu'il adorait. Venger sa chère Honorine était la pensée de toute sa vie et le plus ardent de ses désirs. C'est un moment bien solennel dans la vie, que celui qui doit combler notre vœu le plus cher. Cependant, au souvenir de la femme qu'il avait aimée venait se mêler souvent celui de cette petite fille qu'il venait d'embrasser, de cet enfant auquel il avait promis de servir de père, et sans qu'il en comprît la cause, l'image de ce Séverin venait se joindre à cela, et jetait comme un nuage sombre entre la petite Honorine et celle d'autrefois.

Le temps marchait bien lentement au gré du comte et de Mérillac. A une heure moins un quart ils sont au poste de gendarmerie; le brigadier est déguisé de manière à n'être pas reconnaissable et il met sur son dos un sac en partie garni de ferraille. Germancey et Mérillac sont munis chacun d'une paire de pistolets, on se met en route pour la forêt, suivi, d'un peu loin, par trois gendarmes, mis aussi en paysans.

On se dirige vers le sentier que les deux voyageurs ont suivi le matin. Le bouleau isolé, l'arbre cassé le fait reconnaître, sans quoi il serait difficile de le remarquer. A peine entré dans le sentier, le comte veut marcher seul en avant de quatre-vingts pas au moins, présumant que les voleurs peuvent avoir envoyé du monde en éclaireur pour s'assurer de leur retour.

Mérillac s'arrête donc ainsi que son compagnon qui semble plier sous le poids de son sac, il laisse son ami aller en avant; mais il a soin d'armer ses pistolets et de se tenir prêt à tout événement, puis lorsqu'il trouve la distance assez grande, il se remet en route.

On avance ainsi pendant vingt minutes dans le sentier, sans rencontrer personne. Au bout de ce temps, le comte aperçoit un homme en observation : il reconnait Pierre, et, à vingt pas plus loin, il aperçoit Séverin et le reste de la bande.

Le comte se met à crier assez haut pour être entendu des deux côtés :

— Nous voici... ne vous impatientez pas, notre hôte... mon ami me suit. . il n'est pas loin!...

— Mais il n'est pas seul votre ami? dit monsieur Pierre en quittant la place où il s'était blotti...

— Non, il a bien fallu qu'il prît quelqu'un pour porter son argent, on lui a donné cinq mille francs en écus... le paysan qui les porte plie sous son sac...

— Eh bien, allez aider cet homme... allez le débarrasser, vous autres! crie Séverin, en faisant signe à ses hommes d'aller vers Mérillac, tandis que lui marche droit vers le comte, dont il est encore assez éloigné.

Les voleurs, pressés de s'emparer du sac d'écus et de dépouiller Mérillac de la somme dont ils le croient porteur, se mettent à courir en avant. Lorsqu'ils ne sont plus qu'à six pas de ceux qu'ils veulent rejoindre, le faux paysan se redresse, jette de côté son sac et ajuste les voleurs; Mérillac en a fait autant de son côté, si bien que les quatre hommes qui allaient se jeter sur eux sont reçus à coups de pistolets.

En entendant le bruit des armes à feu et les cris de ses camarades, Séverin pousse un jurement effroyable et court sur le comte avec un poignard à sa main, en disant :

— Ah! traître!... tu nous as trahis, mais tu ne t'en sauveras pas cette fois!...

— C'est ce que nous verrons! répond Germancey en déchargeant sur le misérable un coup de pistolet. Mais le voleur a évité le coup, en se rejetant de côté; il se précipite sur le comte et lui porte un coup de poignard qui l'atteint au bras, une lutte s'engage entre eux : Germancey, moins agile, moins jeune que son adversaire va succomber et recevoir un coup mortel, lorsque trois gendarmes, sortant de différents massifs de la forêt, se jettent sur Séverin, le désarment, le saisissent, et le garrottent solidement; en se débattant, le faux bûcheron a perdu la perruque qui lui cachait presque les yeux; depuis longtemps son grand chapeau était tombé, on peut alors voir entièrement la figure de cet homme jeune encore, et qui serait beau garçon, si toutes les passions mauvaises ne se révélaient dans chacun de ses traits, et surtout en ce moment où, exalté par la fureur, ses yeux semblent lancer des éclairs.

Le nommé Pierre avait été tué roide par la décharge des pistolets de Mérillac; un des voleurs avait pris la fuite, mais M. Gargouille et un autre bandit étaient entre les mains des gendarmes.

— Vous êtes blessé, mon ami, dit Mérillac en s'approchant du comte.

— Ce n'est rien... au bras... c'est peu de chose... et, malgré ce misérable, j'en réchappe encore.

Séverin est furieux, il vomit les plus horribles imprécations, tandis que M. Gargouille prend la chose gaiement et se contente de dire :

— Ça été bien joué !... ah! faut convenir que l'affaire a été joliment menée... nous avons donné dans le paquet... il n'y a que Pierre qui se méfiait... et c'est lui qui a reçu la dragée... il sentait le coup.

Tout à coup Séverin se tourne vers Germancey, en lui disant d'un air ironique :

— Merci, monsieur de Germancey, merci de m'avoir fait prendre! ah! félicitez-vous... vous avez fait là un beau chef-d'œuvre... savez-vous qui vous avez fait arrêter... le père de votre filleule... de cette petite fille que vous aimez tant... que vous avez été embrasser chez sa nourrice... oui, je suis votre compère !... vous direz à Florentine que, grâce à vous, son cher Francisque va aller aux galères... ça lui fera plaisir... elle vous en saura gré .. mais ce n'est pas tout... cet enfant de votre frère que vous cherchez... Maria et Victor, je les ai trouvés moi... je sais où ils sont... Grâce à vous, j'ai appris cette nuit que leur mère est madame Rigoulot, ci-devant mademoiselle de Hautefutaie... c'est une découverte qui pourra me servir un jour, parce que vous entendez bien que je ne veux pas moisir au bagne... allons, gendarmes, emmenez-moi, marchons, je n'ai plus rien à dire à mon compère !

Le comte est demeuré atterré par tout ce qu'il vient d'entendre; il n'a pas eu la force de prononcer un seul mot; cependant lorsque les gendarmes se disposent à emmener les voleurs, il court vers Séverin et lui crie :

— Si vous ne m'avez pas menti, monsieur, de grâce apprenez-moi ce que sont devenus les enfants de mon frère... dites-moi où je puis les trouver, et moi je vous promets de prendre soin de cette pauvre petite dont vous avez abandonné la mère... de la fille de Florentine.

— Ah! je m'en fiche pas mal de l'enfant de Florentine... au revoir, compère, vous m'avez fait arrêter... faites-moi relâcher et je vous dirai où sont votre neveu et votre nièce...

Les gendarmes emmènent leurs prisonniers, après avoir eu soin de les bien garrotter. Mérillac entoure de son mouchoir la blessure du comte, il lui fait porter son bras en écharpe, tout en lui disant :

— Est-ce que vous ajoutez foi aux propos de ce misérable? N'y croyez donc pas, mon cher... il vous a dit tout cela pour tâcher de se venger de vous.

— Puissiez-vous dire juste : car ce serait affreux, s'il n'avait pas menti.

Avec l'aide d'un gendarme, ces deux amis arrivent au bureau des voitures de Corbeil et prennent place dans celle qui part pour Paris.

De retour à Paris, le comte se donne à peine le temps de faire panser sa blessure qui est légère ; il se rend chez Florentine, qui s'inquiétait déjà de ne point le voir revenir, et qui, apercevant son bras en écharpe, s'écrie :

— Vous êtes blessé, monsieur, il vous est arrivé un accident ?

— Ceci n'est rien, mon enfant, une histoire de voleurs que je vous conterai plus tard? Parlons de votre fille.

— Vous l'avez vue, monsieur ; elle se porte bien ?

— Oui, je l'ai vue, je l'ai embrassée à plusieurs reprises, car elle est charmante... sa santé est excellente... et je crois que ces gens chez qui elle est, en ont grand soin et l'aiment beaucoup.

— Oh ! oui, ils l'aiment... qui est-ce qui pourrait ne pas l'aimer? elle est bien gentille, n'est-ce pas, monsieur ?

— Charmante... du reste, c'est tout votre portrait.

— Vous trouvez, monsieur ?

— C'est frappant ! et Mérillac est bien de cet avis.

— Et que vous a-t-elle dit, mon Honorine ?

— Elle m'a demandé sa mère qu'elle regrettait beaucoup de ne point voir avec nous.

— Chère enfant... oh! bientôt j'irai la voir... l'embrasser... puis à la fin de l'été, je la prendrai avec moi... je ne m'en séparerai plus... et qui sait... quand il apprendra que sa fille est si jolie... peut-être son père reviendra-t-il nous voir... peut-être nous aimera-t-il alors.

Le comte ne répond rien, mais il détourne la tête, car, lorsqu'il songe quel est l'amant de Florentine, le père de la petite Honorine, il ne peut s'empêcher de prévoir pour la jeune mère et sa fille un bien sombre avenir. Mais il se promet de toujours cacher à sa protégée que son amant Francisque n'est autre que le misérable Séverin, et que cet homme est maintenant entre les mains de la justice.

Le procès des voleurs n'est pas long : le petit-fils de Cartouche et ses complices sont condamnés aux travaux forcés à perpétuité.

Mérillac apporte à son ami le journal qui contient ce jugement, en lui disant :

— Te voilà à jamais délivré de ce misérable, qui osait te braver...

— Délivré... ce n'est pas bien sûr... des gens comme lui se sauvent toujours du bagne !... ce Séverin avait bien mérité la mort !

— On aura trouvé des circonstances atténuantes!...

— Enfin ! puissé-je ne plus en entendre parler!...

— Mais quelques années plus tard, vers la fin de 1813, on lisait dans un journal :

« Deux forçats viennent de s'évader du bagne de Toulon, malheureusement ce sont deux hommes de l'espèce la plus dangereuse ; l'un est le nommé la Grenouille, et l'autre ce fameux voleur, connu sous le nom de Séverin et qui est, dit-on, le petit-fils de Cartouche ; le signalement de ces deux hommes a été envoyé partout ; mais jusqu'à présent toutes les recherches ont été infructueuses. »

FIN DES ENFANTS DU BOULEVARD

VOIR POUR LA SUITE

LE PETIT-FILS DE CARTOUCHE

TABLE DES MATIÈRES

FERD. SARTORIUS, LIBRAIRE-ÉDITEUR
27, rue de Seine, 27

HISTOIRE
DE LA
RÉVOLUTION
FRANÇAISE

— 1788 A 1800 —

PAR HIPPOLYTE CASTILLE

C'est certainement chose rare qu'un ouvrage d'histoire — concis sans être sec, impartial sans être banal ou dépourvu de toute philosophie. L'*Histoire de la Révolution française*, que publie aujourd'hui M. H. Castille, possède ces mérites peu communs et les a à un degré remarquable. Les détails inutiles en sont sévèrement bannis, mais pas un fait de quelque signification n'y manque du développement nécessaire, et il n'y a pas une phrase qui ne contienne une idée ou un fait. D'un autre côté, la méthode de l'auteur permet de conclure soi-même sur les faits qu'il présente. Tout, dans son récit, a tant de clarté et de relief, tout y est si bien mis en pleine lumière, exposé avec une si entière bonne foi, que l'on peut juger des acteurs du grand drame comme si on les avait connus, et des événements comme si on en avait été spectateur.

L'auteur, en outre, a pu éviter bien des erreurs qui, fatalement, devaient être commises par des devanciers, et, en beaucoup moins de pages, il est plus complet qu'aucun d'eux. Il lui a été possible de rassembler et de renfermer en quatre volumes ce qu'il faudrait chercher épars en quarante ou cinquante, dans MM. Thiers, Louis Blanc, Michelet, Lamartine, etc. Il en résulte, on le voit, une double économie: économie de temps, économie d'argent.

Quant aux mérites littéraires du livre, les lecteurs de M. Castille les connaissent par avance; la hauteur des vues, la sûreté de plume ne sont pas les moins familiers à l'auteur. Mais le talent du narrateur et du peintre ne saurait peut-être se trouver poussé plus loin qu'ici. Ce livre, sévère pourtant comme il convient à un ouvrage d'histoire, est d'un intérêt que rien jamais ne suspend. On le lit sans désemparer, et en quelques jours l'on a vu se dérouler les épisodes sublimes ou terribles de la tragédie qui se joua en France de 1789 à 1800.

Nos lecteurs pourront s'en rendre compte en parcourant ces quelques pages que nous détachons de cette histoire:

LETTRE DE MARIE-ANTOINETTE A MADAME ÉLISABETH

DERNIERS MOMENTS DE MARIE-ANTOINETTE

« C'est à vous, ma sœur, que j'écris pour la dernière fois. — Je viens d'être condamnée, non pas à une mort honteuse (elle ne l'est que pour les criminels), mais à rejoindre votre frère. Comme lui innocente, j'espère montrer la même fermeté que lui dans ses derniers moments. Je suis calme comme on l'est quand la conscience ne reproche rien. — J'ai un profond regret d'abandonner mes pauvres enfants. Vous savez que je n'existais que pour eux.

« Et vous, ma tendre et bonne sœur, vous qui avez, par votre amitié, tout sacrifié pour être avec nous, dans quelle position je vous laisse ! — J'ai appris dans le plaidoyer même du procès que ma fille était séparée de vous. Hélas ! la pauvre enfant ! je n'ose pas lui écrire, elle ne recevrait pas ma lettre. Je ne sais même pas si celle-ci vous parviendra. — Recevez pour eux deux ici ma bénédiction. J'espère qu'un jour, lorsqu'ils seront plus grands, ils pourront se réunir à vous, et jouir en entier de vos tendres soins. Qu'ils pensent tous les deux à ce que je n'ai jamais cessé de leur inspirer : que les principes et l'exécution exacte de ses devoirs sont les premiers biens de la vie ; que leur amitié et leur confiance mutuelles en feront leur bonheur. — Que ma fille sente qu'à l'âge qu'elle a elle doit toujours aider son frère par les conseils que l'expérience qu'elle a de plus que lui et son amitié pourront lui inspirer. — Que mon fils, à son tour, rende à sa sœur tous les soins, tous les services que l'amitié peut inspirer. — Qu'ils sentent que, dans quelque position qu'ils puissent se trouver, ils ne seront vraiment heureux que par leur union. Qu'ils prennent exemple de vous. Combien, dans nos malheurs, votre amitié nous a donné de consolations. Et dans le bonheur on jouit doublement quand on le partage avec un ami, et où en trouver de plus tendre que dans sa propre famille ? — Que mon fils n'oublie jamais les derniers mots de son père, que je lui répète expressément : « Qu'il ne cherche jamais à venger notre mort. » — J'ai à vous parler d'une chose bien pénible à mon cœur. Je sais combien cet enfant doit vous avoir fait de peine. Pardonnez-lui, ma chère sœur ; pensez à l'âge qu'il a, et combien il est facile de faire dire à un enfant ce qu'on veut, et même ce qu'il ne comprend pas.

— Un jour viendra où il ne connaîtra que mieux tout le prix de votre bonté et de votre tendresse pour tous deux. — Il me reste à vous confier ma dernière pensée : j'aurais voulu vous écrire dès le commencement du procès ; mais outre qu'on ne me laissait pas écrire, la marche en a été si rapide, que je n'en aurais pas eu le temps. Je meurs dans la religion catholique, apostolique et romaine, dans celle de mes pères, dans celle où j'ai été élevée et que j'ai toujours professée. — N'ayant aucune consolation spirituelle à attendre, ne sachant pas s'il existe encore ici des prêtres de cette religion, et même « le lieu où je suis les exposant trop s'ils y entraient une fois, » je demande sincèrement pardon à Dieu de toutes les fautes que j'ai pu commettre depuis que j'existe. J'espère que, dans sa bonté, il voudra bien recevoir mes derniers vœux, ainsi que ceux que j'ai faits depuis longtemps pour qu'il veuille bien recevoir mon âme dans sa miséricorde et sa bonté. — Je demande pardon à ceux que je connais, et à vous, ma sœur, en particulier, de toutes les peines que, sans le vouloir, j'aurais pu vous causer. — Je pardonne à tous mes ennemis le mal qu'ils m'ont fait. » — Je dis ici adieu à mes tantes et à tous mes frères et sœurs. J'avais des amis ; l'idée d'en être séparée pour jamais, et leurs peines, sont un des plus grands regrets que j'emporte en mourant. — Qu'ils sachent du moins que, jusqu'à mon dernier moment, j'ai toujours pensé à eux. — Adieu, ma bonne et tendre sœur. Puissé-je mériter vos regrets ! Pensez toujours à moi. « Je vous embrasse de tout mon cœur, ainsi que ces bons et chers enfants. » Mon Dieu, qu'il est déchirant de les quitter pour toujours ! — Adieu ! adieu ! Je ne vais plus m'occuper que de mes devoirs spirituels. Comme je ne suis pas libre de mes actions, on m'amènera peut-être un prêtre, mais je proteste ici que je le regarderai comme un être absolument étranger. »

La dernière phrase de cette lettre est comme le dernier coup de pinceau qu'un peintre donne à un portrait et qui en achève le caractère. Au moment de monter sur l'échafaud, Marie-Antoinette restait la reine de 1789, reine ennemie de la Révolution, reine anticonstitutionnelle, inébranlable dans sa croyance politique comme dans sa foi religieuse, grande femme et vraiment femme, incontestablement supérieure aux héroïnes émeutières, littéraires ou assassins de la Révolution.

Au moment où elle achevait sa lettre, désespérant de pouvoir se confesser à un prêtre réfractaire, un curé courageux, M. Magnin, bravant mille dangers, s'introduisit sous le nom de Charles dans la

Conciergerie, et put, grâce au concierge Dault, donner furtivement à la reine les derniers secours de la religion. Elle fit ensuite sa toilette, et quand vint le prêtre constitutionnel, elle lui fit sentir qu'il eût à s'épargner la peine de lui faire ses exhortations. Elle lui permit seulement de l'accompagner jusqu'à l'échafaud. Paris attendait son spectacle, debout jusqu'au sommet des toits. Des canons étaient braqués aux extrémités des ponts, des places et des carrefours. A onze heures, l'huissier audiencier, suivi du bourreau, entra dans la prison de la reine. Marie-Antoinette parut à la grille de la Conciergerie. Elle était vêtue d'un déshabillé de piqué blanc, un ruban de faveur noir aux poignets, un fichu de mousseline blanche uni sur les épaules, et coiffée d'un bonnet orné d'un ruban noir. Ses cheveux déjà blancs étaient coupés autour du bonnet. Les gardes nationaux des sections avaient écarté la foule. Au lieu de carrosse, un tombereau crotté, attelé d'un fort cheval blanc que contenait un homme d'une figure sombre. La banquette était une planche. Il y avait derrière un marchepied. Un témoin oculaire, le vicomte Charles des Fossés, auquel on doit les détails qu'on vient de lire, rapporte que le signal d'ouvrir la grille fut donné par l'acteur Grammont de la Comédie-Française, officier supérieur de la garde nationale. La grille s'ouvrit alors. La reine parut. Derrière elle, rapporte le témoin narrateur de cette scène, marche le bourreau Sanson, tenant les bouts d'une grosse ficelle qui retire en arrière les coudes de la royale condamnée. Marie-Antoinette se dirigea vers le marchepied. Sanson ayant voulu la soutenir, elle se retourna gravement avec un geste négatif, monta dans la voiture et voulut enjamber la banquette. Sanson lui indiqua qu'elle devait tourner le dos au cheval, et prit soin de laisser flotter les cordes dont il tenait les bouts. Le prêtre monta ensuite. Le bourreau et son aide se tinrent debout au fond du tombereau, le chapeau à trois cornes à la main. La reine avait le teint pâle, un peu rouge aux pommettes, les yeux injectés de sang, les cils immobiles et roides, dit M des Fossés à qui nul détail n'échappa, et qui, rentré chez lui, traça aussitôt ce portrait. Trente mille hommes formaient une double haie jusqu'à l'échafaud.

Ni abattement ni fierté ne parurent sur les traits de la reine. En passant devant l arcade de la porte des Jacobins au-dessus de laquelle on lisait : « Atelier d'armes républicaines pour foudroyer les tyrans, » l'acteur Grammont, qui devait lui-même périr guillotiné peu de temps après, s'écria : « La voilà, l'infâme Antoinette; elle est f..., mes amis ! » Sur le passage de la reine, on entendit quelques cris de : Vive la République ! Une bande de ces mégères en bonnet rouge que la Commune flétrit du nom de « lécheuses de guillotine, » essayèrent vainement d'exciter la population. Devant Saint-Roch, on entendit pourtant quelques clameurs injurieuses. A midi, en arrivant sur la place de la Révolution, Marie-Antoinette devint d'une pâleur plus intense; mais elle n'en descendit pas moins avec courage du tombereau. Au moment de monter les degrés de l'échafaud, elle posa involontairement le pied sur celui du bourreau et lui demanda pardon. De la plate-forme de l'échafaud, ses regards se portèrent vers le palais des Tuileries, qu'on apercevait entre les rameaux dépouillés des arbres du jardin Un instant après sa tête tomba. Selon l'usage barbare de cette époque, un des exécuteurs la montra au peuple, qui poussa le cri habituel de : Vive la République! Les restes furent consumés par la chaux vive dans cette même fosse du cimetière de la Madeleine où neuf mois auparavant avaient été consumés ceux de Louis XVI.

PARIS. — IMP. SIMON RACON ET COMP., RUE D'E

www.ingramcontent.com/pod-product-compliance
Lightning Source LLC
LaVergne TN
LVHW050509100826
845148LV00002B/277

* 9 7 8 2 0 1 2 1 9 3 5 3 6 *